NOUVELLE BIBLIOTHÈQUE

morale et amusante.

Récits

MARITIMES

PAR

MADAME DE GAULLE,

Auteur de *Quelques récits, Excursions dans le département de Seine-et-Oise,* etc.

PARIS
LIBRAIRIE DE P. LETHIELLEUX,
RUE BONAPARTE, 66.

TOURNAI
LIBRAIRIE DE H. CASTERMAN
RUE AUX RATS, 11.

H. CASTERMAN
éditeur.

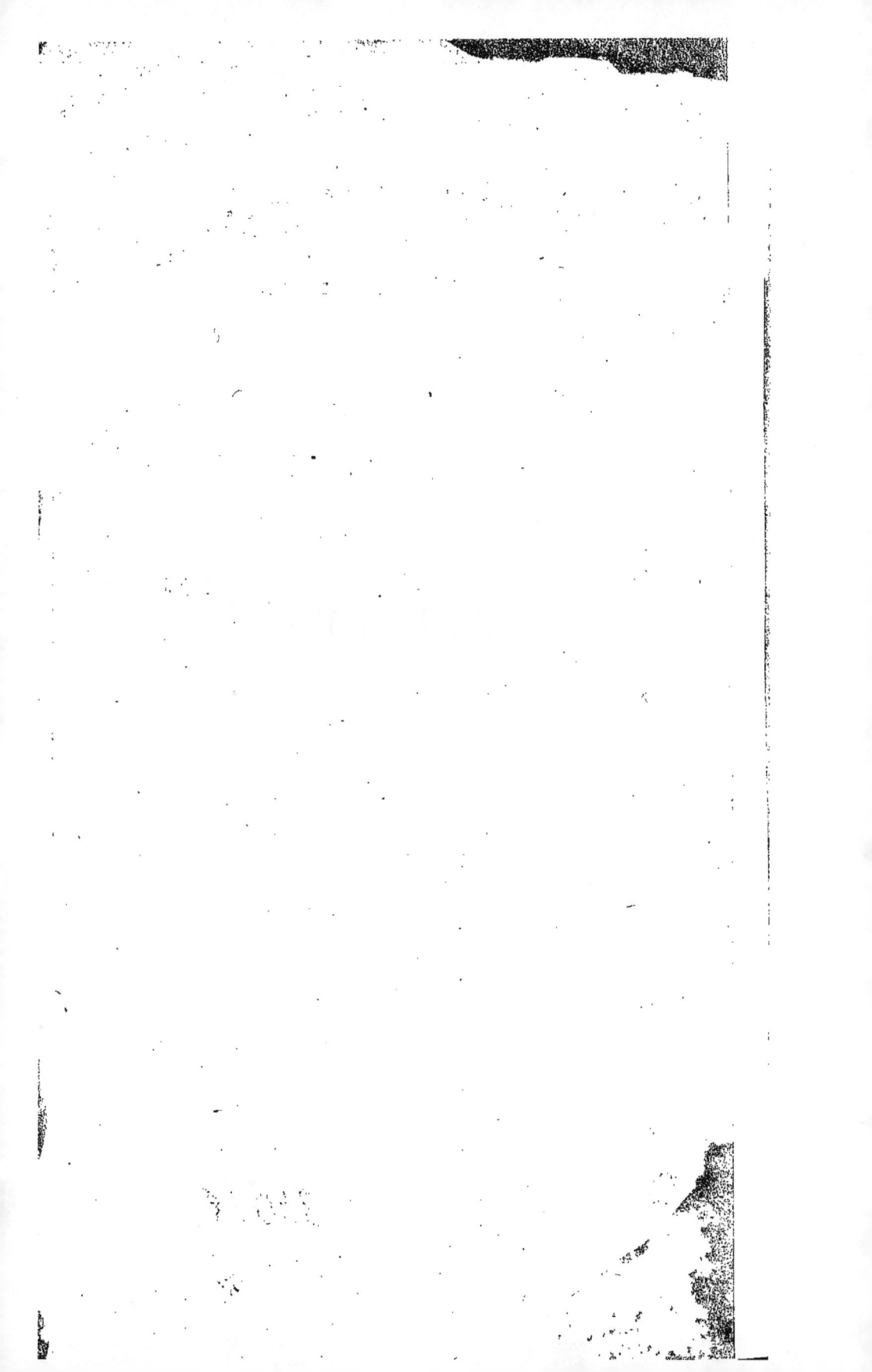

RÉCITS

MARITIMES.

Imprimatur.

Tornaci, die 30ᵃ augusti 1861.

A.-P.-V. DESCAMPS, vic.-gen.

En ce moment, un lame entraine le canot.

RÉCITS

MARITIMES

PAR

Mme De Gaulle,

Auteur de « Quelques récits, Excursions dans le département
de Seine et Oise, » etc.

PARIS
LIBRAIRIE DE P. LETHIELLEUX,
Rue Bonaparte, 66.

TOURNAI
LIBRAIRIE DE H. CASTERMAN,
Rue aux Rats, 12.

H. CASTERMAN
ÉDITEUR.
1861

PROPRIÉTÉ

ET RÉSERVE POUR TOUTE TRADUCTION.

RÉCITS

MARITIMES.

AVANT-PROPOS.

La vie humaine a été souvent compa-
rée à une mer orageuse, et la position de
l'homme à celle d'un marin aux prises avec
l'élément perfide si fécond en vicissitudes.
Si cette image poétique fut vraie en tout
temps, on peut dire qu'elle se réalise plus
que jamais, aujourd'hui que les flots révo-
lutionnaires ont bouleversé un si grand
nombre d'existences, et ne sont pas encore
tellement apaisés, qu'on n'en ressente
longtemps les suites, de même qu'une mer
s'agite et gronde encore plusieurs jours
après la tempête.

Lire le récit d'un voyage ou d'un désastre maritime, c'est donc, pour plusieurs,
voir retracer leur propre histoire, c'est se
rappeler plus vivement la fragilité du bonheur, de la fortune et de la vie, et se mettre en garde contre la sécurité trompeuse
qui endort la prudence chrétienne, notre
pilote et notre ressource au milieu d'écueils
sans cesse renaissants; c'est, enfin, puiser
dans l'exemple du courage d'autrui, des
motifs d'un courage pareil dans les souffrances analogues et les positions également critiques où nous pouvons nous
trouver : apprendre à souffrir est une des
sciences pratiques les plus nécessaires à
l'humanité !

UN ÉDEN DANS L'OCÉAN PACIFIQUE.

UN ÉDEN

DANS L'OCÉAN PACIFIQUE.

Il est une petite île de la Polynésie, située à 132° 45' de longitude ouest, et à 25° 2' de latitude méridionale ; elle est environ à 475 lieues de Tahiti, et n'a qu'une lieue et demie de circonférence, ainsi qu'une demi-lieue dans sa plus grande longueur. Son nom est Pitcairn. Les formes abruptes et le profil accidenté de ses montagnes rocheuses donnent lieu de penser qu'elle est d'origine volcanique ; son élévation au-dessus du niveau de la mer permet de l'apercevoir à quinze lieues de distance. C'est un véritable bijou, un verdoyant paradis

terrestre qui, malgré son exiguïté, offre des
paysages variés et des effets pittoresques. Aucun reptile venimeux ne s'y rencontre ; et
ce qui vaut mieux encore, sa population offre
l'innocence des mœurs des premiers âges du
monde.

De tout temps la Providence a su tirer le
bien du mal, et l'histoire de cette édifiante
colonie est assise sur un drame terrible, peut-
être l'un des plus intéressants que puissent
offrir les annales des voyages. Nous allons essayer d'en rendre compte.

Le lieutenant Bligh, ancien compagnon du
célèbre navigateur Cook, fut chargé par le
gouvernement anglais d'une expédition ayant
pour but de transplanter, dans diverses colo-
nies anglaises, l'*arbre à pain*, très-abondant
dans l'Océanie. Cet arbre est ainsi nommé
parce que son fruit a beaucoup de rapport
avec l'aliment le plus habituel de l'homme :
il en a le goût et la consistance, et devait être
d'une grande ressource pour les colons d'Amé-
rique, qui en réclamaient l'acclimatation. Bligh
avait donc la double mission de se rendre à

Tahiti, pour recueillir des plants de cet arbre, et de se diriger ensuite vers les Indes Occidentales, pour les enrichir de ce trésor. Il s'embarqua en 1787, accompagné de quarante-six personnes, sur le navire *the Bounty* (la Bonté) de 215 tonneaux. Après dix mois de navigation, il arrivait à sa première destination, où tous reçurent le meilleur accueil et où, pendant une relâche de six mois, furent recueillis plus de mille pieds de l'arbre à pain, arrangés dans des pots et des caisses, et accompagnés de toutes les précautions nécessaires pour les préserver durant la traversée.

Mais pendant cet espace de temps l'équipage de la *Bounty* s'était accoutumé au doux climat de Tahiti.

Quitter ces lieux enchanteurs pour se remettre sous la discipline d'un capitaine sévère et réputé très-dur, parut un trop grand sacrifice à des hommes qui avaient contracté des habitudes de mollesse et qui laissaient des affections à Tahiti. Les adieux ne furent que provisoires, et des promesses de se revoir furent échangées. Dès lors, un complot s'était

formé, mais il n'éclata qu'après vingt-deux
jours de navigation. A la tête des révoltés était
Fletcher Christian, lieutenant en second, jeune
homme de bonne famille, et qui jusqu'alors
avait été sans reproche.

Brusquement réveillé du sommeil le plus
calme, le commandant Bligh voit sa chambre
envahie au point du jour par des hommes
armés et est menacé de mort, les mains lui sont
liées derrière le dos, et il est entraîné de force
sur le pont avec dix-huit personnes qui lui
étaient restées fidèles. On les contraint de s'embarquer dans une chaloupe, non pontée, avec
peu de provisions et on les abandonne ainsi sur
le vaste océan sans autre moyen de se gouverner qu'un octant, une boussole et une petite
provision de toile et de cordages.

C'est ici qu'il faut admirer le caractère éner-
gique et le sang-froid persévérant de Bligh
qui savait s'assujettir lui-même à la discipline
qu'il imposait aux autres. Le voyage de douze
cents lieues qu'il sut exécuter, en dirigeant
cette frêle embarcation, est un chef-d'œuvre
de calcul et de persévérance. La chaloupe était

pesamment chargée avec ses dix-neuf personnes,
et quoique leurs provisions de bouche fussent
insuffisantes, on n'aurait guère pu ajouter à
la charge sans danger.

La première pensée de Bligh était de débarquer à l'une des îles des Amis, mais il y fut
fort mal reçu par les insulaires qui massacrè-
rent un de ses hommes, ce que les autres
n'évitèrent qu'en se rembarquant à la hâte.
Plus loin des cannibales s'acharnèrent à leur
poursuite, et ils ne purent leur échapper que
par une manœuvre habile. Voyant le danger
de ces côtes, Bligh résolut de se diriger sur
Timor, et organisa son service en conséquence.
Il fit promettre solennellement à tout son petit
équipage, que chaque homme se contenterait
d'une once de pain et d'un quart de pinte
d'eau par jour, avec une once et demie de
porc, une demi-pinte de lait de coco et une
cuillerée à thé de rhum. Cette ration était me-
surée très-exactement par le commandant lui-
même, qui s'était fabriqué à cet effet une
balance ayant pour plateaux deux coquilles
de noix de coco, une balle de pistolet de 25

à la livre servait de poids. Il fallut plus tard
réduire de moitié cette chétive portion. De
plus les malheureux eurent à souffrir des
ardentes chaleurs tropicales contre lesquelles
ils étaient sans aucun abri, aussi bien que la
pluie qui trempait leurs vêtements ; elle leur
fournit cependant une ressource précieuse en
augmentant leur provision d'eau douce. Ils
en recueillirent ainsi un hectolitre qui leur
parut un véritable bienfait de la Providence.

La nourriture de l'ame était réglée chez eux
comme celle du corps et soutenait leurs forces morales. Le commandant avait composé
une prière qu'il faisait répéter fréquemment
à ses subordonnés, et qui, appropriée à la
situation, exprimait des sentiments de contri-
tion, d'invocation et d'actions de grâces. Oui,
d'actions de grâces, car ils regardaient avec
raison comme providentielle leur conservation
quotidienne, au milieu de tant de périls, ainsi
que les rares soulagements qu'ils rencontrèrent.
Un jour, ils purent débarquer sur une des
côtes de la Nouvelle-Hollande et s'y rassasier
d'huîtres, d'eau fraîche et de baies sauvages.

Ils y passèrent la nuit sur un sable fin où ils purent s'étendre à l'aise, faculté qui leur manquait absolument dans l'étroite et humide chaloupe. Mais force leur fut de la regagner dès le matin, à cause des indigènes de cette côte inhospitalière. Un autre jour, ils attrapèrent un oiseau gros comme un pigeon qu'ils durent manger cru après l'avoir partagé en dix-huit morceaux. Les requins et les brisans ne leur donnaient pas moins de peine que les hommes ; la moitié de l'équipage veillait quand l'autre prenait quelque repos. Au milieu de cette cruelle agonie, la discipline et la patience ne se démentirent point, et l'union continua de régner dans ce petit équipage. Cependant Bligh, en marin consommé qu'il était, continuait ses observations géographiques et les consignait sur un calepin, signalait des écueils et découvrit même une petite île qui en était entourée et qu'il nomma l'île de la *Direction*. Enfin, tant de persévérance fut récompensée, la chaloupe arriva devant Timor, la plus orientale des îles de la Sonde, but de leur périlleux voyage, qui avait été de qua-

rante-huit jours et d'autant de nuits. L'équipage débarqua à Coupang, où le gouverneur
hollandais et les colons leur firent le plus bien-
veillant accueil. Il était temps : leurs forces
étaient épuisées. L'un de ces malheureux mourut de la fièvre à Timor ; d'autres restèrent à
Batavia où ils s'étaient rendus ensuite, et onze
d'entre eux seulement s'embarquèrent pour
l'Angleterre. Le commandant Bligh fit un rapport qui souleva l'indignation générale contre
l'attentat dont lui et ses compagnons avaient
été les victimes.

Les révoltés de la *Bounty* ne jouirent pas
en paix du fruit de leur crime. La division ne
tarda pas à se mettre parmi eux ; retournés
à Tahiti, objet de leurs vœux coupables, chacun voulait imposer aux autres des lois qu'aucun n'était disposé à reconnaître. L'un d'eux
réussit néanmoins à se faire roi ; mais il fut
bientôt assassiné par un autre qui avait la
même ambition. Celui-ci, à son tour, fut
lapidé par les naturels, et les autres se disper-
sèrent dans la crainte des recherches que le
gouvernement anglais ne manqua pas en effet

de faire. La frégate *la Pandore*, commandée par le capitaine Edwards, fut expédiée à cette fin avec ordre de fouiller les archipels de la Société et des Amis, et de s'emparer, pour les ramener en Angleterre, de tous les mutins qu'elle pourrait découvrir. On parvint à en trouver quatorze disséminés dans Tahiti. Neuf autres en étaient repartis avec la *Bounty*, dont on n'eut pendant vingt ans aucune nouvelle.

Ces quatorze prisonniers furent enfermés dans une cage de fer ; mais *la Pandore*, qui les portait, fit naufrage. Quatre des révoltés périrent ainsi que trente hommes de l'équipage ; les autres, étant parvenus à se dégager de leurs fers par un effort désespéré, partagèrent les souffrances endurées par les naufragés. Six de ces inculpés parvinrent en Angleterre où ils furent jugés et condamnés à mort ; mais trois d'entre eux furent graciés, attendu des circonstances qui les rendaient dignes d'indulgence.

L'instigateur et le chef de la révolte, Fletchter Christian, n'avait pu être retrouvé. Il avait quitté Tahiti avec huit de ses compagnons

quelques naturels du pays et des femmes, en
tout vingt-huit individus, embarqués à bord
de *la Bounty* pour aller chercher quelque éta-
blissement où ils fussent en sûreté ; ce fut
ainsi qu'ils abordèrent à cette île de Pitcairn
que nous avons décrite et qu'ils trouvèrent
inhabitée. Un rempart de rochers en rendait
l'abord difficile, et le premier navigateur qui
l'avait aperçue, Carteret, n'avait pas osé y
aborder. Accessible par un seul point, qui fut
appelé *Bounty-Bay*, et dont il ne fallait approcher qu'avec de grandes précautions, elle
parut convenir parfaitement à des gens qui
avaient besoin de se soustraire à d'inquiétantes
recherches.

Christian essaya vainement de gouverner
la turbulente communauté qui manquait de
principes d'ordre et s'était affranchie de tout
frein. Son inquiétude ajoutait à ses tourments
et à ses remords, et du point culminant de l'île,
il était sans cesse en observation, dans la crainte
de voir apparaître quelque vaisseau anglais.
Dans l'intérêt de leur sûreté et pour que rien
ne trahît au dehors leur présence, les révoltés

démolirent la *Bounty*, dont les matériaux les aidèrent à construire leurs habitations. C'était s'ôter tout moyen de sortir du lieu de leur exil.

Malgré ses beautés naturelles, ce séjour enchanteur se trouva un enfer pour ses habitants qui s'entretuèrent par suite de leurs violentes querelles. Les sauvages ayant formé le projet de se défaire des Européens furent prévenus par ceux-ci, qui au moyen des femmes Tahitiennes avaient découvert le complot. En moins d'un an, Christian et quatre de ses compagnons avaient péri, victimes de ces luttes ; les femmes elles-mêmes, prenant fait et cause pour leurs maris, prirent part au massacre. Un autre anglais se jeta lui-même à la mer dans un excès de frénésie, bref, deux seulement survécurent à cette horrible boucherie ; l'un d'eux mourut de maladie en 1800, et le seul survivant, John Smith, se trouva seul chef d'une communauté composée de femmes et d'enfants.

Dès lors tout change de face à Pitcairn. John Smith, qui avait pris le surnom d'Adams, sut imiter dans sa pénitence le père du genre

humain dont il avait imité la chute, il sut dis-
cipliner·ces femmes sauvages, ces enfants or-
phelins dont il se trouvait le seul guide. Se
montrant pour eux un patriarche plein de bonté, il leur inspira respect et affection. Des livres
de piété, provenant de la *Bounty*, l'aidèrent
à civiliser sa petite colonie, qui répondit parfaitement à ses soins.

Adams en était à la quatorzième année de
son gouvernement patriarcal, et les enfants
étaient devenus de jeunes hommes, aussi pieux
que disciplinés, et les jeunes filles aussi belles
que modestes, lorsque deux navires anglais se
présentèrent devant l'île, et découvrirent, avec
une grande surprise, cette intéressante population. Tout s'y réunissait pour charmer les
yeux et les cœurs, et faisait le plus grand honneur au fondateur de l'intéressante colonie. Le
premier mouvement de John Adams fut la
crainte, mais les deux capitaines, ses hôtes,
s'empressèrent de le rassurer en lui disant :
« Ne craignez rien, le révolté de la *Bounty*
n'existe plus, le patriarche de Pitcairn l'a effa-
cé. On ne l'enlèvera point à sa famille. » Adams

gouverna durant vingt-neuf ans cette petite
île, et y reçut encore d'autres visites. Un maître d'école, charmé de ce séjour de l'âge d'or,
se joignit volontairement à lui pour le seconder
dans son œuvre pieuse. Après la mort du patriarche, sa colonie s'accrût au point de néces-
siter des migrations. L'île est trop petite pour
supporter un accroissement indéfini de population ; mais, hélas ! ce n'est jamais sans
danger ni pour leur santé, ni pour leur mora-
lité qu'ils s'éloignent de cette île fortunée, et
ils ne peuvent s'acclimater ailleurs.

Le gouvernement anglais a montré beaucoup
de sollicitude pour ces colons, et s'est préoc-
cupé des mesures à prendre pour assurer la
conservation et la prospérité de cette intéressante colonie.

MARIE-ANNE DE BOURKE.

MARIE-ANNE DE BOURKE.

I

L'héroïne de cette douloureuse histoire avait été favorisée dès le berceau de tout ce qui promettait une vie heureuse : une illustre naissance, un nom sans tache, une fortune brillante, la tendresse de ses parents, et les plus heureuses dispositions naturelles cultivées avec soin, tout se réunissait pour préparer à Marie-Anne de Bourke un riant avenir.

L'éducation de cette jeune fille recevait les soins les plus éclairés ; la religion en faisait la base. On s'était surtout appliqué à lui en donner l'intelligence, et mademoiselle de Bourke avait si bien profité des leçons et des exemples de sa respectable famille que, toute jeune encore, elle était déjà capable du courage et de l'inébranlable constance des martyrs.

Hélas ! ce courage devait être bientôt mis à une cruelle épreuve ! Marie-Anne n'avait que dix ans lorsque son père, alors en mission extraordinaire à Madrid, auprès de Philippe V, appela sa femme et ses enfants auprès de lui ; madame la comtesse de Bourke se mit en route, laissant à Paris son plus jeune enfant confié au soin de sa mère, la marquise de Varennes. Elle emmena avec elle sa fille et son fils, âgé de huit ans ; l'abbé Thomas de Bourke, son beau-frère, prêtre de Paris, l'accompagnait. On était alors en 1719 ; la guerre de la succession d'Espagne durait encore et les frontières étaient occupées par les armées belligérantes : madame de Bourke crut plus prudent de s'embarquer à Cette, d'où elle pensait pouvoir se rendre à Barcelone en vingt-quatre heures.

Ne trouvant à Cette aucune embarcation française en partance pour l'Espagne, elle dut prendre une tartane génoise, prête à mettre à la voile pour Barcelone, et son départ eut lieu le 22 octobre.

Le 25, à la pointe du jour, la famille fut réveillée par le cri d'une vigie qui annonçait l'approche de la terre : madame de Bourke passa à la hâte un vêtement du matin et monta sur le pont, heureuse de toucher au but de son voyage et impatiente de voir cette terre où l'attendait un mari tendrement aimé.

— Quelle est cette côte ? demanda-t-elle au commandant de la tartane, qui, appuyé sur le bastingage et le dos tourné à la terre, tenait depuis quelque temps sa lunette fixée sur un point de l'horizon.

— C'est la côte de Catalogne, répondit-il sans se déranger de sa position d'observateur, et vous pouvez déjà voir le clocher de Palamos.

— Enfin nous arrivons ! s'écria la comtesse ; ma chère enfant, dit-elle en embrassant sa fille, qui venait aussi d'accourir sur le pont, ce vilain voyage touche à sa fin, nous allons revoir ton père...

— Plaise à Dieu ! interrompit le marin, dont le visage obstinément tourné vers le même point se rembrunissait à vue d'œil.

— Une voile ! s'écria du haut du mât la

vigie qui avait signalé la terre quelques ins-
tants auparavant.

— Qu'y a-t-il donc? demanda madame de
Bourke avec inquiétude ; nous sommes en vue
du port où nous devons aborder, la mer est
calme, le ciel sans usage, que pouvez-vous
craindre?

— Rien des éléments, madame, ma tartane
est solide, et Francesco Peretti sait la conduire,
Dieu merci ; mais j'aimerais mieux avoir affaire
au plus fort ouragan qui ait jamais soufflé
entre les rives de France et de Catalogne qu'à
ces enragés diables des côtes de Barbarie.
Regardez ce point blanc qui grandit à l'horizon : ou je me trompe fort, ou c'est un corsaire
algérien.

— Vous me faites frémir, s'écria madame
de Bourke, qui songeait avec effroi à tout ce
qu'on lui avait dit de la cruauté de ces pirates,
la terreur de la Méditerranée. N'y a-t-il pas
moyen de leur échapper? la terre est proche et
l'ennemi est loin encore. Oh ! hâtez-vous, sau-
vez-nous ! sauvez surtout ma fille !

Et madame de Bourke, en disant ces paroles,

pressait la jeune fille contre son cœur et la
tenait étroitement enlacée, comme si elle eût
craint qu'on ne vînt à l'instant l'arracher de
ses bras.

— Madame, répondit le capitaine, soyez
sûr que tout ce que peuvent faire, pour vous
défendre, des hommes loyaux et courageux,
nous le ferons. Nous ne désirons pas non plus
l'hospitalité de ces mécréants ; mais nous avons
affaire à un bâtiment fin voilier et dont la
taille nous laisse peu d'espoir de résister. Il
ne faut cependant pas encore désespérer ; ren-
trez, madame, dans votre cabine, et faites
monter tous vos gens. Votre présence sur le
pont ne saurait que nous embarrasser et vous
exposerait inutilement. Descendez, et implorez
pour nous l'aide de Dieu, sans laquelle tous
nos efforts seraient superflus.

Les femmes de madame de [Bourke, saisies
de frayeur, descendirent à la hâte, et la comtesse, tout en larmes, les suivit avec sa fille
qui, loin de s'abandonner à une terreur naturelle à cet âge, ne cherchait au contraire qu'à
rassurer et consoler sa mère.

II

Cependant l'agitation croissait sur le pont. Le bâtiment suspect grandissait à vue d'œil ; sa mâture, son gréement et sa coque, confirmaient pleinement les appréhensions du capitaine Peretti ; il n'y avait plus à en douter, c'était un de ces hardis forbans qui si longtemps désolèrent les côtes du midi de l'Europe, et qui ne disparurent complètement que lorsque Charles X eut enfin fait flotter le drapeau de la France sur les remparts qui protégeaient leur repaire.

La tartane faisait force de rames pour gagner le petit port de Palamos ; malheureusement le vent était peu favorable, et le bâtiment génois, obligé de courir de nombreuses bordées, voyait à chaque instant diminuer les chances de salut. Le navire algérien, monté par un nombreux équipage, manœuvrait avec facilité, et les

rames dont il était pourvu, comme presque
tous les vaisseaux barbaresques, lui permet-
taient de lutter avec bien plus d'avantage contre
le vent, et il parvint à se placer entre la tartane
et le rivage. Tout espoir était désormais perdu ;
dans un quart d'heure au plus, le corsaire devait
les avoir rejoints ; aussi, sans chercher à pro-
longer plus longtemps une fuite inutile, le capitaine Peretti résolut de tout préparer pour
faire acheter le plus chèrement possible la vic-
toire aux Algériens.

Quatre matelots formaient tout l'équipage
de la tartane ; les trois domestiques mâles de
madame de Bourke se joignirent à eux pour
défendre le pauvre petit bâtiment génois. Après
une courte et fervente prière, chacun, armé
d'un fusil de chasse et d'un instrument tran-
chant, hache ou coutelas, pour servir d'arme
blanche, se rendit à son poste et attendit l'ennemi en silence.

Le navire algérien n'était plus qu'à demi-
portée de canon, lorsqu'il déploya le pavillon
du dey et tira un coup à boulet pour intimer
à la tartane l'ordre de s'arrêter. Voyant son

injonction sans effet, il lança la bordée de
tribord, composée de six pièces. Le mât brisé
tomba sur le pont de la tartane, entraînant
l'un des matelots dans sa chute ; les agrès furent coupés et le capitaine Peretti eut le bras
gauche emporté. Le corsaire mit alors en panne
et envoya deux chaloupes remplies d'hommes
armés pour s'emparer du petit bâtiment qui,
désormais immobile, ne pouvait plus leur
échapper.

Malgré d'horribles souffrances, le capitaine
Peretti n'en continuait pas moins à encourager
ses compagnons. Il laissa les pirates s'approcher jusqu'à portée de pistolet et tira lui-même
alors le pierrier sur la plus grande des deux
chaloupes. A cette distance et dans une masse
aussi serrée, la mitraille des Génois, jointe
à la décharge de tous les fusils, fit un effet
terrible ; la chaloupe et la mer furent ensan-
glantées et couvertes de débris humains ; mais
les bouillants enfants de l'Afrique ne s'en
élancèrent pas moins sur le pont en criant :
« Allah ! Allah ! » En vain l'infortuné capitaine
brûla-t-il la cervelle au premier qui arriva sur

le pont ; un coup de yatagan lui fendit la tête, et le reste de ses compagnons furent bientôt tués ou chargés de fer malgré la plus vive résistance

Le capitaine corsaire se rendit alors sur la tartane et fit subir un interrogatoire à madame de Bourke.

Après l'inspection de son passe-port, il l'assura qu'elle n'avait rien à craindre, la France étant alors en paix avec les Etats barbaresques. Elle le supplia de vouloir bien la faire conduire en chaloupe sur les côtes d'Espagne, dont elle était si proche, pour épargner de mortelles inquiétudes à son mari qui l'attendait, promettant de reconnaître généreusement ce service.

— Je le voudrais, madame, répliqua le capitaine corsaire, mais je ne le puis : je ne suis pas né musulman, et les lois sont très-sévères pour nous autres renégats qui sommes l'objet d'une suspicion continuelle. Il y va de ma tête; le dey d'Alger se persuaderait aisément que, sous prétexte de passe-port de France, j'aurais traité avec des personnes d'une nation

ennemie pour les remettre en terre chrétienne :
il faut absolument que vous me suiviez jusqu'à
Alger et que vous et votre passe–port soyez
présentés au dey ; après quoi, on vous remettra
entre les mains du consul de France qui vous
fera transporter en Espagne.

Marie-Anne qui avait entendu ce mot de
renégat, ne put se défendre de manifester une
profonde horreur pour le lâche qui avait renié
son Dieu.

— Ma chère amie, lui dit son oncle, ne je-
tons pas la pierre au pécheur, mais prions
pour sa conversion ! Le glorieux Vincent de
Paul, ce héros de la charité qui fut lui-même
captif sur ces bords où l'on nous emmène, eut
le bonheur de porter ainsi à la pénitence un
renégat dont il était devenu l'esclave. Prenons
ce grand saint pour modèle et apprenons de
lui à ne désespérer du salut de personne.

III

Le capitaine donna à la comtesse le choix de passer à son bord ou de rester sur la tartane avec sa suite ; elle préféra ce dernier parti.

Le capitaine mit seulement sept de ses matelots sur la tartane pour faire la manœuvre, après en avoir enlevé la chaloupe et trois ancres avec toutes les provisions, à la réserve de celles qui étaient indispensables à madame de Bourke.

On prit alors la route d'Alger. Le temps se montra d'abord favorable, mais le 28 octobre, il s'éleva une furieuse tempête qui continua les jours suivants, et la tartane, séparée du vaisseau, devint le jouet des éléments en fureur. Le capitaine n'y avait pas mis ses meilleurs marins, et la boussole avait été brisée dans la confusion de l'abordage.

Le 1er novembre, le vent poussa le petit bâtiment sur la côte de Barbarie, dans un golfe où l'on jeta l'ancre. Les passagers français profitèrent de ce moment de répit pour se livrer avec recueillement à leurs exercices de dévotion, car c'était le jour de la Toussaint, et jamais le besoin de la prière ne s'était plus fait sentir.

Le nouveau patron de la tartane envoya deux Maures à la nage pour s'informer auprès des habitants du pays en quel lieu il se trouvait.

L'un d'eux revint bientôt muni des renseignements qu'il était allé chercher.

— Maître, dit-il, l'endroit où nous avons mouillé est le golfe de Colo, au levant de Gigery ; nous sommes à soixante-quinze lieues de la ville d'Alger, auprès de laquelle nous avons dû passer sans nous en apercevoir.

Aussitôt, sans se donner la peine de lever l'ancre, la seule qui lui restât, le patron fit couper le câble et mit à la voile sans ancre, sans chaloupe et sans boussole. Il n'était pas à une demi-lieue du golfe qu'il paya cher son imprudence qui devait faire encore de plus

regrettables victimes : le vent contraire le re-
poussait sur la côte ; il essaya de se servir de
ses rames, mais la faiblesse de l'équipage les
rendait inutiles, et malgré ses efforts, la tartane
donna contre un rocher et se brisa. Tout
l'arrière fut aussitôt submergé. C'était là que
madame de Bourke était en prières avec ses
enfants ; en vain, essaya-t-elle de lutter contre
l'élément furieux, en vain ses fidèles serviteurs
tentèrent-ils de la sauver, elle ne put échapper à la mort ; son fils périt avec elle, ainsi
que deux de ses femmes de chambre.

Les personnes qui se trouvèrent du côté de
l'avant, et parmi lesquelles étaient l'abbé de
Bourke, un Irlandais, nommé Arthur, le maître
d'hôtel, Louis Crence, une femme de chambre
et un domestique, parvinrent à arracher la
jeune Marie-Anne aux flots qui l'entraînaient.

L'abbé de Bourke descendit du débris de
la tartane sur le rocher où elle s'était brisée ;
il s'y soutint quelque temps à l'aide de son
couteau qu'il avait enfoncé dans une fente ;
enfin, après une suite d'efforts désespérés, il
parvint à se saisir d'une rame à l'aide de la-

quelle il réussit à gagner un rocher qui tenait
à la terre ferme.

Les Maures qui étaient sur ce rivage se sai-
sirent aussitôt de lui, le dépouillèrent et le
maltraitèrent. D'autres Maures, accourus en
grand nombre, se jetèrent à la mer s'attendant
à trouver un riche butin parmi les débris du
naufrage. Le maître d'hôtel, Louis Crence, qui
tenait entre ses bras Marie-Anne évanouie fit
signe à deux de ces barbares qui vinrent à lui,
recueillirent ce précieux fardeau et le dépo-
sèrent sur le rivage; mais la jeune fille n'é-
chappait aux flots que pour subir la plus triste
servitude : à peine fut-elle à terre que les
Maures lui ôtèrent un bas et un soulier comme
marque de son esclavage. Revenue au senti-
ment de sa triste position, Marie-Anne de
Bourke demeurait insensible à toute autre
chose qu'à la perte cruelle qu'elle venait de
faire ; son regard inquiet errait de tout côté,
cherchant cette mère, ce frère, qu'elle ne
devait plus revoir. Elle n'osait questionner, de
peur d'obtenir la certitude de son malheur.
Bientôt elle put se convaincre qu'il n'était que

trop réel, quand elle se vit réunie aux naufragés survivants, qui mêlèrent leurs larmes
aux siennes.

— Mon enfant, lui dit son oncle, votre
mère et votre frère sont plus heureux que
nous ; ils ont passé de la prière dans le sein
de Dieu, mais nous, quelles épreuves nous
attendent !

— Je ne crains point les mauvais traitements, répondit résolument Marie-Anne, es-
suyant ses larmes ; je ne crains que de renier
ma foi, et j'espère, avec la grâce de Dieu,
tout supporter plutôt que d'y consentir.

— Vous avez parlé pour moi, ma chère
maîtresse, reprit Louis Crence ; je suis dans
les mêmes dispositions, et je crois pouvoir en
dire autant de mes camarades.

— Bien, mon bon Louis ; persévérons tous
dans ces sentiments, reprit la jeune fille.

— C'est à moi, dit l'abbé, de vous mon-
trer l'exemple, puissé-je être digne de ma
mission ! N'oublions pas les paroles de l'Evan-
gile de ce jour : *Heureux ceux qui souffrent
persécution pour la justice ; le royaume des*

cieux leur appartient. La plupart des saints
ont passé par là, et cette terre que nous foulons
a été souvent arrosée de leur sang. Estimons-
nous heureux d'avoir à souffrir comme eux
pour prouver à Dieu notre amour.

Les barbares ne laissèrent pas à leurs prisonniers le temps de discourir. Ils les contrai-
gnirent à marcher vers les montagnes. Les
chemins étaient si difficiles que les naufragés
eurent bientôt les pieds ensanglantés. Chacun
d'eux était chargé d'un paquet de vêtements
mouillés, et tour à tour ils portaient Marie-
Anne. Arrivés à demi-morts sur la montagne,
ils y furent accueillis par les hués des femmes
maures et les cris des enfants.

IV

Le lendemain, les habitants des douars voi-
sins manifestèrent d'horribles intentions contre
les prisonniers ; ils leur montraient le feu, leur
faisant comprendre qu'ils allaient être brûlés
vifs, ou bien, tirant leur sabre, ils menaçaient
de leur couper la tête. L'un d'eux alla jusqu'à
prendre Marie-Anne par les cheveux pour
l'égorger, tandis que les autres couchaient en
joue ses compagnons d'infortune ; l'abbé, ani-
mé du courage des martyrs qui avait arrosé
cette terre de leur sang, remerciait le ciel de
lui donner part à leur sacrifice, et Marie-Anne
croyait voir sa mère lui tendre les bras du
séjour des bienheureux ; mais un chef leur fit
comprendre que les chrétiens tenaient à grand
honneur de mourir pour leur religion et que
toute la perte retomberait sur eux-mêmes,
en les privant de la rançon qu'ils pouvaient

espérer de leur prise. Par cet appel à la cu-
pidité, les plus fanatiques mêmes se calmèrent
et renoncèrent à leurs desseins meurtriers ;
mais les femmes et les enfants continuèrent
à se donner le cruel plaisir d'insulter leurs
prisonniers.

Le dey de Constantine, à qui, sans doute,
une telle capture faisait envie, fit réclamer les
prisonniers et menaça d'aller lui-même avec
ses troupes pour s'en emparer ; mais les Maures répondirent fièrement qu'ils ne craignaient
ni lui ni ses cavaliers, lors même qu'il joindrait
à ses forces celles du dey d'Alger. C'était une
de ces peuplades indépendantes qui, sous le
nom de Cabaïls ou Kabyles, ne reconnaissaient
point la puissance du dey dont ils étaient cependant les sujets naturels, puisque leur terri-
toire était enclavé dans la régence d'Alger.

La situation des pauvres victimes semblait
donc tout à fait désespérée, et les plus solides
principes religieux pouvaient seuls y apporter
quelque consolation. La fatigue, le besoin et
les mauvais traitements se réunissaient pour
les accabler, il ne leur restait que l'espoir du

secours divin et l'assurance que le ciel comptait toutes leurs douleurs ; c'est par ces motifs
que l'abbé ne cessait d'encourager sa nièce,
dont l'ame courageuse entrait aisément dans
ses vues. Louis Crence s'édifiait de leur exemple, et son ingénieux dévouement, toujours
attentif, était encore une consolation pour sa
jeune maîtresse.

La possession de ces cinq chrétiens ne suffi-
sait pas à la convoitise de ces barbares ; il leur
fallait encore les richesses ensevelies au fond
de la mer ; aussi bons plongeurs que coureurs
agiles, ils parvinrent à retirer de l'eau les
caisses qu'ils jugeaient devoir contenir des
objets de grande valeur, et jusqu'aux cadavres
des naufragés pour les dépouiller. Les étoffes
précieuses, coupées en morceaux, furent dis-
tribuées aux enfants pour en orner leur tête ;
l'argenterie fut vendue à l'enchère, et trois
calices, ternis par l'eau de la mer, furent es-
timés comme vases sans importance ; quant
aux livres trouvés dans les ballots, les barbares
en faisaient un tel mépris que les deux domestiques obtinrent aisément qu'on leur en aban-

donnât quelques-uns. Louis Crence eut aussi soin de recueillir un écritoire ; heureuse inspiration, qui devait être pour les captifs la cause de leur délivrance !

Ces livres offrirent à la fois aux prisonniers une consolation et une espérance. Les feuillets blancs qui se trouvaient au commencement et à la fin des volumes firent naître à Marie-Anne l'idée de s'en servir pour écrire au consul de France à Alger et lui dépeindre leur position : trois lettres furent ainsi envoyées, mais ne parvinrent point à leur destination.

De nouvelles vicissitudes attendaient encore les captifs : au bout de trois semaines, qui leur avaient paru trois siècles, ils furent transférés au milieu des hautes montagnes où était la résidence du cheik dont les enfants s'intéressèrent bientôt à Marie-Anne ; elle dut à cet intérêt quelque adoucissement à sa position.

Les Maures ont un tel respect pour les affections de famille qu'ils accordent ce qu'on leur demande au nom de leurs enfants ; et la formule ordinaire, quand on veut obtenir d'eux quelque grâce, est celle-ci : *Accorde-moi ceci par la face de ton fils!*

L'abbé de Bourke faisait observer à sa nièce que les Arabes possédaient quelques bonnes qualités. Descendants d'Abraham, par Ismaël, enfant du désert, ils ont gardé un grand respect pour la mémoire du saint patriarche et conservé quelque chose de ses mœurs antiques, particulièrement la pratique de l'hospitalité qui leur rend la personne d'un hôte sacrée, cet hôte fût-il voleur ou assassin. Puis l'abbé ajoutait à ces observations le récit des événements qui ont illustré cette terre d'Afrique ; les persécutions qui ont exercé les empereurs romains contre le christianisme ; l'exil et le martyre de saint Cyprien, évêque de Carthage ; la touchante histoire de saint Augustin, cette lumière de l'Eglise africaine ; les nouveaux troubles suscités par les Pélagiens, les cruautés d'Hunéric, roi des Vandales contre les vrais fidèles ; enfin les envahissements de Mahomet, qui replongèrent dans la barbarie cette terre si chrétienne.

Ces récits captivaient l'attention de la jeune fille ; ce qui la frappait surtout, c'était l'histoire de Jean de Matha, prêtre français, qui, touché

des maux que souffraient les chrétiens parmi
les infidèles, conçut la généreuse idée de se
vouer au rachat des captifs et fut le fondateur
d'un ordre, institué à cette noble fin, ordre
qui, sous les divers noms de Trinitaires, de Mathurins, ou de pères de la Rédemption, persé-
vérait dans cette œuvre de miséricorde depuis
le douzième siècle. « Ces pères, continuait
l'abbé, ont arraché une foule innombrable de
fidèles aux tortures ou à l'apostasie. Ils ont
toujours une maison à Alger sous la protection
du consul de France, et si nous pouvions leur
faire parvenir des nouvelles de notre position,
il n'y a pas de doute qu'ils ne s'intéressassent à
nous et ne fissent des efforts pour faciliter
notre délivrance. »

La distinction dont Marie-Anne était l'objet
de la part du fils aîné de cheik devenait un
nouveau genre de persécution non moins alar-
mant que les précédentes. Les prévenances de
cette famille lui étaient à charge, et, comme on
le pense bien, lui inspiraient une invincible
antipathie. Un jour, le jeune homme lui offrit
un flacon d'essence parfumée pour qu'elle en

oignît ses cheveux ; elle parvint à lui faire comprendre que, portant dans son cœur le deuil
de sa mère, si récemment ravie à sa tendresse,
il ne lui convenait pas de couvrir sa tête de
parfums. A ce motif s'en joignait un autre,
la crainte que cette onction ne fût quelque
pratique de la loi de Mahomet, et Marie-Anne
eût préféré la mort à la moindre apparence
d'apostasie.

V

Enfin, une quatrième lettre écrite par mademoiselle de Bourke au consul de France, arriva le 24 novembre à Alger. Le dey l'envoya à M. Dusault, qui se trouvait alors en cette ville en qualité d'envoyé extraordinaire et plénipotentiaire de la cour de France dans les trois royaumes de Barbarie. La jeune fille décrivait avec une touchante simplicité l'état où son oncle et elle étaient réduits depuis leur naufrage. Cette lettre, communiquée aux pères de la Rédemption, excita vivement leur intérêt. Ils offrirent leurs services à M. Dusault. Le plénipotentiaire donna aussitôt ses ordres pour appareiller un navire français qui était dans le port, et obtint du dey une lettre de recommandation pour le marabout de Bougie, qui avait une grande influence sur ces peuples. Dès le soir du même jour, le navire mit à la voile et en peu de temps arriva à Bougie.

Là, le truchement envoyé par M. Dusault présenta les lettres du dey d'Alger et de l'envoyé français au marabout ; celui-ci, bien que malade, se leva aussitôt, monta à cheval en se faisant accompagner du marabout de Gigery, du truchement, et suivi de quelques cavaliers maures, il prit la route des montagnes qui se trouvaient à cinq ou six journées de Bougie. Les Kabyles qui détenaient la famille de Bourke se renfermèrent dans leurs maisons, munis de leurs armes, en voyant approcher cette troupe. Les marabouts parvinrent cependant à se faire ouvrir la porte et réclamèrent les chrétiens, qui à cette apparition crurent l'heure du sacrifice arrivée ; mais ils furent bientôt rassurés par le grand marabout qui, s'approchant de Marie-Anne, lui remit les lettres de M. Dusault et du consul, et partagea avec elle ses provisions de voyage. Il passa la nuit dans cette maison avec toute sa suite. Le lendemain, il convoqua les chefs du douar, et leur déclara qu'il était venu dans le but de réclamer cinq Français échappés du naufrage. La France, disait-il, était en paix avec tout l'Etat d'Alger, on ne devait donc

pas retenir ces naufragés contre la foi des trai-
tés. Bien que les Kabyles ne fussent pas soumis
à l'autorité d'Alger, ils n'en jouissaient pas
moins des avantages de la paix avec la France ;
ce serait donc une grande injustice de ne pas
relâcher ces captifs dont on s'était approprié
les riches dépouilles.

Les montagnards se défendaient de leur
mieux par de mauvaises raisons, et les captifs,
témoins de cette résistance, commençaient à
perdre toute espérance de recouvrer leur liberté ; mais leur consternation fut au comble,
quand l'interprète leur dit que les Kabyles,
cédant enfin à l'autorité et aux raisonnements
du marabout, consentaient à la liberté de quatre d'entre eux, mais que le cheik voulait
absolument retenir Marie-Anne qu'il destinait
à être l'épouse de son fils, âgé de quatorze
ans. « Cette alliance, disait le cheik, n'était
pas indigne d'elle, et fût-elle la fille du roi
de France lui-même, son fils la valait bien,
étant né du roi des Moulaques. »

Un cri d'indignation avait accueilli cette
proposition dès les premiers mots. L'abbé de

Bourke et les trois domestiques protestèrent qu'ils ne voulaient pas de leur liberté à pareille condition, et que la captivité leur paraîtrait moins cruelle que la nécessité de laisser cette enfant si jeune et tant aimée, en de telles mains.

On peut juger de l'effroi de la jeune fille, en se voyant réduite à une si cruelle extrémité ; mais elle invoquait Dieu dans son cœur, et le cheik, après s'être montré longtemps intraitable, finit par céder à un argument irrésistible pour lui, c'est-à-dire, quelques sultanias ou pièces d'or, que le marabout, le prenant à part, lui mit dans la main, comme arrhes d'une somme plus considérable. On convint alors du rachat de tous pour neuf cents piastres ; et le marabout, ayant laissé en otage un Turc et plusieurs joyaux, put emmener les cinq prisonniers.

Ils prirent la route de Bougie, s'arrêtant avec leur suite dans les habitations qu'ils pouvaient rencontrer. Ils logèrent entre autres chez une vieille mauresque qui donna de nouvelles alarmes aux chrétiens par l'indignation qu'elle témoigna de ce que ses coreligionnaires ne les avaient pas fait mourir ; « Ils sont bien fous, disait cette vielle fanatique, de n'avoir pas fait ce sacrifice à la foi de Mahomet, pouvant à ce prix obtenir son paradis ! Pour moi, si pareille aventure fût arrivée dans mon douar et que ces chiens eussent été à ma disposition, pas un d'eux n'aurait échappé, et je les aurais plutôt égorgés de mes propres mains, si mon mari s'était refusé à les tuer. » Tel était le langage que tenait cette femme, tout en préparant en l'honneur des marabouts le *couscoussou* ; et la manière malpropre dont elle s'acquittait de ce soin contribuait autant que ses discours à refouler l'appétit pressant de ses hôtes.

Les voyageurs arrivèrent à Bougie le 9 décembre ; on put alors leur procurer au moins des chemises dont ils étaient toujours dépourvus. Ils avaient été forcés jusque-là de conserver encore les ignobles vêtements de leur captivité. On les embarqua le lendemain soir sur le bâtiment qui les attendait et qui arriva à Alger le 13, à la pointe du jour. Leur arrivée, attendue avec impatience et inquiétude, y fut annoncée par un signal. Le consul et les principaux Français

qui se trouvaient à Alger allèrent au devant
d'eux et les accompagnèrent depuis le port
jusqu'à l'hôtel de l'ambassadeur, où la curio-
sité et l'intérêt qu'ils inspiraient avaient rassem-
blé une foule considérable. L'ambassadeur vint
recevoir les voyageurs, et, présentant la main
à Marie-Anne, les conduisit d'abord à sa cha-
pelle, où ils entendirent la messe, après laquelle
un *Te Deum* fut chanté en action de grâces
de leur heureuse délivrance.

Les assistants avaient peine à retenir leurs
larmes, et l'on voyait des gens de toute religion prendre part à l'attendrissement général ;
c'était mademoiselle de Bourke, surtout, qui
en était l'objet : « Si jeune et si délicate, disait-
on, avoir déjà tant souffert ! Quel air de no-
blesse et de distinction, jusque sous ses habits
d'esclave ! — Elle s'est conservée pure dans
sa captivité, à l'exemple de Daniel et du jeune
Tobie, remarquaient les juifs ; et comme une
autre Esther, elle n'a cessé d'être docile aux
leçons de l'oncle qui lui tenait lieu de père et
de mère ! — Quel courage ! ajoutaient les chrétiens, quelle fermeté dans un âge aussi tendre !

On voit bien qu'elle avait mis sa confiance en
Dieu et que la Reine du ciel veillait sur elle ! »
Les domestiques ajoutaient à ce concert de
louanges en racontant les leçons de courage
que leur jeune maîtresse leur avait données
et les exhortations par lesquelles elle n'avait
cessé de les engager à préférer la mort à l'apostasie, prêchant autant par ses exemples que
par ses discours.

Ayant fait prendre à Marie-Anne et ses compagnons le repos dont ils avaient besoin après
de si cruelles épreuves, on ne pensa plus qu'à
satisfaire aux engagements contractés. Les pères Mathurins trouvèrent moyen de fournir
immédiatement les 900 piastres convenues ; on
les envoya chez les juifs pour les faire blanchir,
suivant le goût des Kabyles. M. Dusault y joignit des présents pour le grand marabout et
les autres personnes qui l'avaient aidé dans
cette entreprise.

Le 5 janvier suivant, ce qui restait de la
famille de Bourke et de sa suite dit un dernier
adieu à la terre de captivité, et le vaisseau de
l'ambassadeur qui devait les ramener en France,

avec d'autres captifs rachetés, leva l'ancre en
saluant de dix—neuf coups de canon le château
d'Alger qui répondit par quatre coups.

Le marquis de Varenne, officier de marine,
vint au-devant de sa jeune nièce, dont il avait
appris les désastres, et la rejoignit à Marseille,
d'où il la ramena dans sa famille maternelle.
Là, les soins les plus empressés cherchèrent
à la consoler de la catastrophe qu'elle avait
essuyée et des pertes cruelles qu'elle avait
faites. Elle y retrouva son jeune frère, devenu
seul héritier d'un nom dignement soutenu et
dont la descendance s'est continuée jusqu'à nos
jours avec honneur.

DÉCOUVERTE DE L'ILE MADÈRE.

DÉCOUVERTE DE L'ILE MADÈRE.

——•◆•——

I

Joyeux convives que réunit un déjeuner délicat, arrosé de vins recherchés, plusieurs d'entre vous ne se doutent peut-être pas des circonstances dramatiques auxquelles est due la découverte de la fertile colonie qui a donné son nom au célèbre vin de Madère, et où sont cultivés, avec un égal succès, les plants du doux Malvoisie. Au risque de troubler votre gaîté, je suis bien tentée de vous raconter cette triste histoire, parce que vous ne pourrez manquer d'y recueillir quelque utile instruction et surtout de solides leçons morales.

C'était au commencement du xve siècle, alors que le roi Henri V, qui, plus tard, devait être

si fatal à la France, inaugurait son règne par
une ferme résistance aux envahissements de
l'hérésie naissante de Wiclef et par l'exemple
d'une sévère réforme dans les mœurs ; on remar-
quait à la cour de ce prince, une belle jeune
fille, de l'illustre famille de Dorset, une des plus
distinguées du royaume. Le berceau d'Anna
Dorset fut entouré de tout le luxe, de toutes
les douceurs qui devaient être naturellement le
partage d'une opulente héritière; son père était
le seigneur de la plus riche province de toute
l'Angleterre ; et, plus tard, quand le dévelop-
pement de sa beauté et les soins donnés à son
éducation eurent fait d'Anna la femme la plus
accomplie de son temps, les prétendants à sa
main ne manquèrent pas.

Parmi eux, on pouvait citer les plus nobles
et les plus puissants seigneurs qui combattaient
pour elle dans les tournois, où ils la procla-
maient la reine de la beauté et la dame de leurs
pensées ; mais elle n'avait distingué qu'un seul
chevalier dont les hommages la touchaient
véritablement, et dont elle appréciait la sincé-
rité autant qu'elle estimait la vaillance. Toute-

fois, quoiqu'il fût noble aussi, le rang et la fortune de sir Robert Macham ne répondaient pas
aux prétentions du duc de Dorset pour l'établis-
sement de sa fille, et, pour la première fois,
il s'opposa aux désirs d'Anna.

Pourquoi Anna n'avait-elle pas écouté la
voix du pieux religieux, directeur de sa con-
science encore pure ?

— Ma fille, lui disait-il, quelque digne que
puisse vous paraître l'objet de votre choix,
ce choix est imprudent, dès l'instant qu'il ne
s'accorde pas avec celui des guides que la
Providence vous a donnés ; lors même qu'il
y aurait, selon vous, beaucoup d'imperfec-
tion dans leurs motifs, ils sont les interprè-
tes à votre égard de la volonté divine, et
les instruments de Celui qui se sert des passions des hommes pour l'exécution de ses
desseins. Se soustraire par obstination à la
voie si sûre de l'obéissance, c'est compromettre
son salut éternel et même le bonheur en cette
vie, car la bénédiction de Dieu n'est là où l'on
sort de la ligne étroite du devoir.

Ces discours faisaient quelque impression

sur Anna et elle quittait le père Wilfrid bien triste, mais disposée cependant à faire un effort pour se résigner à la volonté paternelle.

Cependant, le duc de Dorset pressait activement l'exécution des projets d'alliance qu'il avait formés pour sa fille, et la duchesse faisait briller à ses yeux la perspective d'un riche trousseau et l'éclat du rang qu'elle allait occuper à la cour. Mais déjà accoutumée à la magnificence, Anna croyait y attacher peu de prix; et, dédaigneuse de toutes ces splendeurs, elle avait plusieurs fois répété qu'elle ne voulait point d'autre époux que Macham.

Elle alla jusqu'à se marier à l'insu de ses parents!

Il fallut faire faire bien du chemin à cette jeune fille, élevée dans la crainte du Seigneur, pour l'amener là; mais tel est l'entraînement des passions quand on se laisse aller à leur pente fatale, qu'on se trouve insensiblement descendu dans un abîme dont on n'avait pas sondé la profondeur.

Anna et son mari se préparèrent à quitter l'Angleterre.

II

C'était vers le beau ciel de l'Espagne que se
dirigeaient leurs désirs. Macham avait, à cet
effet, traité de leur passage avec un petit bâtiment Espagnol que des opérations commer-
ciales avaient amené en Angleterre et mis en
panne à quelque distance de la côte pour attendre les fugitifs, qui le rejoignirent au moyen
d'une chaloupe. Aussitôt les ancres furent le-
vées et toutes les voiles déployées afin que, par
une course rapide, le navire pût échapper à
ceux qui ne manqueraient pas de le poursuivre
et que, favorisé par une bonne brise, il pût
aborder en peu de temps au terme du voyage.

La mer ne tarda pas à devenir mauvaise,
et, dès le second jour de leur navigation, il
s'éleva un vent violent dont Anna, déjà tour-
mentée par le mal de mer, fut fort effrayée.
Se rappelant alors les malheurs présagés aux

enfants rebelles, elle crut voir dans cette bour-
rasque un premier effet de la vengeance céleste,
et dans les éclats de la tempête, elle s'imagina
entendre les échos de la malédiction de son
père. De sinistres pressentiments s'emparèrent
de son esprit et son sommeil agité ne lui pro-
curait que des rêves effrayants. En vain son
époux s'efforçait de la calmer en essayant de
faire luire à ses yeux l'espérance d'une vie
heureuse, les éléments qu'elle voyait déchaînés
contre eux lui faisaient trop comprendre que
le bonheur ne dépend pas de l'homme et que
celui qui, par sa faute, s'est soustrait à sa
destinée providentielle, s'est voué lui-même à
toutes les conséquences d'une faute irréparable.

Oh ! que n'eût-elle pas donné pour pouvoir
retourner en arrière ! Mais il n'était plus temps.
Pendant cinq jours et cinq nuits le navire,
jouet des vents et des flots et poussé par un
vent violent de sud-ouest, avait dévié de
sa route. L'inexpérience des marins, qui se
voyaient entraînés dans des parages inconnus,
ajoutait à l'inquiétude générale. Le vieux pilote
secouait la tête, quand on lui demandait ce qu'il
pensait de la situation.

Malgré les efforts de Robert pour la retenir dans sa cabine, Anna s'obstinait souvent à monter sur le pont, et là, appuyée contre un mât, elle repaissait son désespoir du spectacle de l'océan et des cieux courroucés. A la vue de cette femme à l'air égaré, les matelots espagnols se demandaient tout bas si ces passagers, comme autrefois le prophète Jonas, n'attiraient point la colère du ciel sur leur vaisseau. Plus maître de dissimuler ses impressions, Robert n'était peut-être pas le moins affecté, car il avait assumé sur sa tête une terrible responsabilité et se voyait impuissant à protéger celle qu'il avait détournée du droit chemin.

Enfin, le ciel sembla se rasséréner, la mer devint plus calme, et l'espérance, cette tenace compagne du cœur humain, reprit sur les voyageurs tous ses droits. Cependant ils ne savaient pas où ils étaient, et, ne pouvant reconnaître leur route, mille craintes superstitieuses, produites par l'ignorance cosmographique de cette époque, se mêlaient à une crainte plus sérieuse, celle de la disette qui menaçait de se faire sentir à bord. Treize jours d'une navigation précipitamment entreprise et présumée devoir être plus courte avaient à peu près épuisé le peu de provisions dont on s'était muni.

La piété des marins se manifeste ordinairement dans les périls, et l'équipage en donna une nouvelle preuve en cette occasion. En entendant invoquer Celle que l'Eglise appelle l'Etoile de la mer et le refuge des pêcheurs, la jeune femme dont les lèvres fuyaient la prière tomba involontairement à genoux, et toutes ses angoisses se fondirent en un torrent de larmes qui soulagèrent son cœur oppressé.

L'aurore du lendemain fut saluée par de joyeuses acclamations : les matelots croyaient apercevoir la terre. Chacun se précipita aussitôt sur le pont et bientôt le soleil, s'élevant sur l'horizon, vint confirmer cette espérance et dessina nettement les contours d'une côte abrupte. Des montagnes couvertes de forêts, d'arbres au feuillage inconnu, semblaient surgir du sein des eaux dans lesquelles se reflétait un ciel du plus bel azur. Un jeune mousse à la

vue perçante s'écria que ces arbres produi-
saient des fruits d'or qu'il croyait y voir sus-
pendus ; mais, en approchant, on s'aperçut
bientôt que ces prétendus fruits étaient des
oiseaux dont le plumage ne rappelait aucune
des espèces connues en Europe.

Des actions de grâces s'échappèrent de
toutes les bouches, et chacun proclama avec
transport le pouvoir de la prière et la bonté
de Dieu qui avait exaucé les vœux de ceux
dont la perte semblait imminente. Anna et Robert, partageant cet élan général, commen-
cèrent à espérer des jours meilleurs de la
clémence du ciel.

Robert ordonna d'approcher avec précau-
tion pour atterrir, faisant sonder sans cesse
de crainte de rencontrer quelque écueil caché ;
on trouva enfin un endroit favorable connu
encore aujourd'hui sous le nom de *baie de
Macham*, et l'on aborda, non sans qu'Anna
manifestât quelque crainte. Personne ne connaissait cette terre. N'était-elle point habitée
par des peuples sauvages, n'y rencontrerait-on
pas de bêtes féroces ? Elle se rassura par degrés

en voyant l'aspect riant de la contrée ; d'ailleurs la petite troupe possédait quelques moyens
de défense, et en mettant pied à terre, appuyée au bras de celui à qui elle avait confié
sa vie, l'épouse de Robert crut en s'avançant
au milieu de la plus luxuriante verdure entrer
dans un véritable paradis terrestre, où elle
allait se remettre des fatigues et des terreurs
de la traversée.

III

La chaloupe qui transportait le jeune couple
à terre n'amenait avec elle que quelques hommes de l'équipage : Macham avait hâte de
procurer à sa femme un peu de rafraîchis-
sement et de repos, et cherchait un lieu de
campement favorable. A peu de distance de la
plage, un site charmant invitait à s'y arrêter
de préférence ; c'était une prairie entourée
d'une haie naturelle de rosiers et au milieu de
laquelle s'élevait un arbre d'une beauté remar-
quable, dont personne ne connaissait ni le nom,
ni l'espèce : à quelques pas de là, coulait une
petite rivière qui ajoutait à l'agrément du
paysage.

On se décida à s'arrêter dans ce lieu enchanteur, où les industrieux marins construisirent
de petites huttes de branchage et formèrent
des lits de mousse dont la douceur du climat
permettait de se contenter.

La santé fortement ébranlée d'Anna promettait de s'améliorer sous ces bénignes influences, et, pendant trois jours d'un temps magnifique, presque consolée, elle formait avec Robert plus d'un projet d'avenir. On remettrait bientôt à la voile pour l'Espagne, où le jeune homme solliciterait du service et se distinguerait dans la guerre contre les Maures, tandis que sa femme, fière de ses succès, prendrait rang parmi les grandes dames castillanes, dont le teint coloré et la noire chevelure feraient valoir encore davantage sa blancheur éclatante et le blond cendré de ses cheveux.

Les hommes de l'équipage allaient, à tour de rôle, du navire à la terre et de la terre au navire, qu'ils ravitaillaient de leur mieux, y transportant de l'eau fraîche, du gibier et des fruits, particulièrement des oranges, dont abondait cette contrée. Cependant, nulle trace de créatures humaines n'apparaissait à leurs yeux, et, après avoir exploré en tous sens les forêts et les montagnes, ils finirent par se convaincre qu'ils étaient dans une île d'une certaine étendue. Cette île n'était point marquée sur leurs

cartes marines, et ils en étaient réduits à des
conjectures sur la latitude et la partie du monde
où ils se trouvaient. Elle avait environ dix ou
onze lieues du long et cinq à six de large ;
hérissée de montagnes et de rochers, dont les
déchirements attestaient d'anciennes convul-
sions volcaniques, elle présentait, avec ses bois,
ses cascades et les cours d'eau qui l'arrosaient,
un aspect des plus pittoresques, et l'on y en-
tendait gazouiller de nombreux oiseaux au gai
plumage, dont la familiarité était telle, qu'ils
venaient se jouer dans les cordages et les voiles
du navire et se poser jusque sur l'épaule des
voyageurs.

Les trois premiers jours de l'atterrissage
s'étaient passés dans l'exploration de ces lieux
enchantés, lorsque, dans la nuit suivante, surgit
un ouragan qui ébranla les frêles huttes de ceux
qui étaient restés à terre, et leur inspira les
plus vives craintes pour la sûreté du bâtiment
qui stationnait dans la baie. Au point du jour,
leurs yeux inquiets le cherchèrent vainement:
il avait disparu dans la tourmente, sans laisser
nulle trace, et l'on devait supposer que l'océan

l'avait englouti avec ceux qui le gardaient, car
l'inexpérience notoire de ceux qui le mon-
taient ne laissait pas d'espoir qu'ils eussent pu
résister au choc de la tempête qui les avait entraînés.

Aux lamentations des Espagnols sur le triste
sort de leurs compagnons et sur leur propre
infortune, la jeune Anglaise ne répondit que
par des cris de désespoir, en se voyant désormais confinée dans cette île deserte, sans espoir
d'en sortir. Macham, lui-même, tout en s'effor-
çant de la calmer, était en proie à une morne
douleur. C'était donc pour un exil sans retour
qu'il avait sacrifié la belle carrière qu'il aurait
pu parcourir dans sa patrie! L'avenir qu'il
avait espéré se créer en Espagne n'était plus
qu'un songe, détruit par le plus pénible réveil.
Et c'était pour lui offrir une si misérable existence qu'il avait arraché des bras paternels
une jeune fille accoutumée à toutes les douceurs de la vie! Tant qu'il ne s'était agi que
d'une halte momentanée dans ces bois fleuris,
Anna s'était accommodée de son lit de verdure
et de sa cabane de feuillages, mais en appre-

nant qu'elle n'aura plus d'autre asile, avec
quel regret elle se rappelle et les riches tentures
de sa chambre de jeune fille, et sa molle cou-
chette, et les moelleux tapis que foulaient, dans
le château de son père, ses pieds chaussés de
brocart. Elle ne reverra plus ces fêtes brillantes
dont elle était la reine ! Qui parlera désormais
de sa beauté, dont l'image ne se reflètera plus
que dans le cristal fugitif des eaux? Elle ne
savait pas combien elle tenait à toutes ces
choses, et celle qui avait dit qu'*un désert et
Macham suffisaient à son bonheur*, succombe
au désespoir quand elle apprend qu'elle ne doit
plus vivre que pour celui à qui elle a tout
sacrifié !

Ce qui achève de l'accabler, c'est qu'elle com-
prend en même temps son impuissance à faire
le bonheur de son époux, déçu dans son ambition et au fond aussi peu résigné qu'elle à cette
vie de retraite. Bien qu'il ne se plaigne pas, et
qu'il s'efforce de la consoler, sa pénétration de
femme l'avertit qu'il est comme elle frappé au
cœur, et que tous deux expient cruellement
l'erreur qu'ils ont commise en se jetant hors
de leurs voies providentielles.

Dès cet instant, une langueur mortelle s'empara de la malheureuse femme, et à toutes ses angoisses, vinrent se joindre les terreurs de la mort et d'une agonie privée des consolations religieuses. En vain Robert, s'accusant de ses maux, la conjurait de vivre pour lui : Anna n'en avait plus la force, et, tout en se montrant sensible à l'affection de son époux, elle s'éteignait graduellement entre ses bras.

L'absence du prêtre à son rustique chevet, était de toutes ses douleurs la plus sensible. Dans ses moments de délire, elle prenait pour un ministre de Dieu le pilote Juan Moralez, vénérable père de famille, profondément touché du malheur de cette jeune femme qui lui rappelait ses propres filles, à peu près du même âge. En partageant avec Robert les soins que la malade réclamait, il s'efforçait de la rappeler à des sentiments de confiance en Dieu et en sa douce mère, dont il lui présentait les images en lui faisant invoquer leurs noms sacrés.

IV

Bientôt, de tant de jeunesse et de beauté, il ne resta plus qu'un cadavre ; et l'inconsolable Robert, frappé à mort lui-même, suivit de près dans la tombe celle dont il se reprochait le malheur. Après avoir fait promettre à ses compagnons de l'inhumer à côté de sa femme, sous le bel arbre au pied duquel elle avait expiré et qui dominait toute la vallée. Il voulut composer lui-même leur épitaphe commune, qui contenait en abrégé leur douloureuse histoire, et il la grava sur une croix de bois, destinée à marquer le lieu de leur sépulture. Il finissait en suppliant les chrétiens qui pourraient dans l'avenir peupler cette terre déserte, de prier pour le repos de leurs ames, et de bâtir en cet endroit une église sous l'invocation du saint nom de *Jésus-Sauveur*.

Après avoir rendu les derniers devoirs à

ces deux infortunés, leurs compagnons se de-
mandèrent s'il fallait qu'ils se laissassent mourir
à leur tour dans cette île qui, malgré sa riche
végétation, n'était plus à leurs yeux qu'une
prison, rendue plus triste encore par les scènes
de deuil dont elle venait d'être le théâtre. Grâce
à la force de leur constitution et à leurs habitudes frugales, ils auraient pu y pourvoir à leurs
besoins et y jouir, avec peu d'efforts, d'une
certaine abondance, s'ils avaient pu oublier leur
patrie et leurs familles, au prix desquelles la
terre la plus fertile était pour eux sans charme.

Attendre l'arrivée problématique de quelque
vaisseau paraissait trop long au gré de leur
impatience. Après plusieurs délibérations, ils
se décidèrent à risquer le tout pour le tout en
s'aventurant au milieu de ces parages inconnus
dans une frêle chaloupe, seule embarcation
qui leur restât. A cet effet, ils la radoubèrent
avec tout le soin possible, y embarquèrent tout
ce qu'ils purent recueillir de provisions parmi
les productions naturelles du pays ; et après
avoir terminé tous leurs préparatifs d'appa-
reillage ils se confièrent à l'océan, en met-

tant le cap dans la direction présumée de l'Espagne.

Bientôt, en effet, ils abordent un continent ; hélas ! ce n'était point la terre de leur patrie ; mais la côte inhospitalière de l'Afrique vers laquelle le vent les poussait. Ils n'avaient fait que changer de lieu d'exil et ils en furent bientôt réduits à regretter le premier ; car ils tombèrent en la puissance des Maures qui les firent prisonniers, les maltraitèrent et les vendirent comme esclaves au roi de Maroc.

Du sein de ce nouveau désastre, qu'ils déploraient amèrement, devait surgir pour eux une consolation tout à fait inattendue. Ils retrouvèrent à Maroc les compagnons qu'ils croyaient morts et la joie de cette réunion vint ranimer toutes leurs espérances. En se racontant réciproquement leurs aventures, ils durent en conclure que la Providence, qui les avait jusques là protégés en même temps qu'elle avait frappé deux coupables, leur réservait sans doute encore quelque secours ; dans cette attente, ils redoublaient de prières et demeuraient fermes dans leur foi, disposés à tout souffrir plutôt que de la renier.

Juan Moralez, par ses exhortations, avait soin
de les maintenir dans ces bons sentiments.
Oracle et modèle de ses compatriotes exilés, il
avait sur eux l'ascendant que donnent la ver-
tu et l'expérience. Le soir, après le dur labeur
de la journée, ils se groupaient autour de lui, et
tous parlaient ensemble de la patrie absente.
Une femme et deux filles que le vieux marin y
avait laissées la lui rendaient encore plus chère.
Quatre ans se passèrent de la sorte durant
lesquels elles devaient pleurer sa mort.

L'espérance de sa délivrance reposait sur
la charité des pères Mathurins qui, depuis plus
de deux siècles, rachetaient tous les ans un cer-
tain nombre de captifs, d'après le but de leur
institution, consacrant à cette œuvre le tiers
de leurs revenus avec tous les dons qu'ils pouvaient recueillir. Malheureusement, ces ressour-
ces ne suffisaient pas à la délivrance de toutes
les victimes ; nos Espagnols auraient pu languir
longtemps dans les fers et même ne voir jamais
leurs vœux se réaliser sans la munificence d'un
prince d'Arragon, Don Sanche, qui laissa en
mourant une somme considérable pour le ra-

chat des esclaves chrétiens, captifs dans les
Etats barbaresques. Ce fut ainsi qu'au bout
de quatre ans de captivité Juan Moralez et
ceux de ses compagnons qui n'avaient pas suc-
combé aux fatigues et aux souffrances de l'exil
reprirent le chemin de leur patrie.

La plupart renoncèrent à la navigation qui
deux fois leur avait été si fatale, et, désormais
réunis à leurs familles, ils ne se sentirent pas
le courage de s'exposer à de nouveaux désastres pour toute la fortune. Le seul Moralez,
plus robuste qu'eux tous, malgré son âge, ne
pouvait se décider à dire un éternel adieu à
l'élement sur lequel il avait vieilli. Indépen-
damment de l'attraction que la mer exerçait
encore sur lui, il songeait à tirer parti de la
connaissance qu'il avait acquise d'une terre in-
connue et tout en se livrant au milieu des siens
à un repos bien nécessaire après tant de traverses, il méditait le moyen de révéler sa découverte et de se faire donner la direction
d'une expédition entreprise pour en prendre
possession au nom de son gouvernement.

V

L'époque était alors on ne peut plus favorable : on était dans le siècle à la fin duquel Christophe Colomb devait gratifier le monde d'un nouvel hémisphère et les explorations lointaines qui devaient préluder à ce fait immense commençaient à prendre faveur. L'infant don Henri, fils cadet de Juan Iᵉʳ roi de Portugal, avait la passion des grandes entreprises, et après avoir aidé son père à refouler les Maures au delà de la Méditerranée et à conquérir la ville de Ceuta, située en Afrique de l'autre côté du détroit de Gibraltar, il résolut de consacrer les revenus de l'ordre du Christ, dont il était le grand-maître, à des entreprises maritimes, dans le but élevé de propager le christianisme bien plus encore que dans celui d'acquérir de la gloire et d'étendre ses domaines.

Tels étaient les sentiments qui animaient les princes dans ces siècles de foi, tels aussi furent ceux de l'illustre Christophe Colomb quand il poursuivit avec opiniâtreté le dessein généreux qui devait amener la découverte d'un nouveau monde.

Au temps dont nous parlons, on croyait encore que le cap Rajador, situé sur la côte occidentale de l'Afrique, était la dernière limite du monde, ce ne devait être qu'en 1433 qu'un portugais nommé Gillianez devait entreprendre de doubler cette pointe redoutée, et apprendre aux savants étonnés qu'Hérodote n'avait point écrit une fable en alléguant que la mer Atlantique communiquait avec la mer Rouge et qu'il n'était pas impossible qu'un roi d'Egypte nommé Néchao eût fait faire le tour de l'Afrique à des navigateurs phéniciens.

Gonzalez Zarco, gentihomme de la maison de l'infant don Henri, secondant les vues de son maître, avait voulu réaliser un semblable projet ; et, plus hardi que les explorateurs phéniciens, il avait osé s'écarter des côtes africaines, et la tempête, en le jetant sur la petite île de

Porto-Sancto l'avait mis dès 1408 sur la voie
de la découverte prochaine de Madère.

Madaira (Forêt), c'est ainsi que l'avait déjà
baptisée Juan Moralez, à cause des bois touffus
dont elle était remplie ne quittait pas la pensée
de l'intrépide pilote, qui avait rédigé un mémoire retraçant ses souvenirs et cherchait à
le faire mettre sous les yeux du prince portugais de qui il espérait plutôt que tout autre,
obtenir aide et encouragement.

Mais on n'aborde pas toujours aisément les
princes. Alors, tout comme aujourd'hui, les
gardes rébarbatifs et les domestiques insolents
y mettaient obstacle bien plus qu'eux-mêmes
et rendaient leur abord inaccessible aux gens
non recommandés. Une version raconte même
que, profitant de la simplicité du marin, cer-
tain gentilhomme, sous prétexte de lui aplanir
les voies, tenta de s'approprier le mémoire
que le marin voulut bien lui confier. Ceci est
l'histoire universelle ; tel est l'enfantement des
grandes œuvres ; ainsi s'élabore dans l'épreuve
et la patience ce qui est marqué du doigt divin. Mais quand une chose est bonne en soi,

tôt ou tard la persévérance triomphe : Dieu
tire le bien du mal, et le naufrage d'Anna et
de Robert sur une terre sauvage, celui de Juan
Moralez sur la côte africaine, et les traverses
de cet homme courageux étaient les voies dé-
tournées, par lesquelles la Providence l'amenait à l'exécution de ses importants desseins.

Sa persévérance finit par triompher : il obtint
une audience de l'Infant et même du roi son
père qui l'écoutèrent favorablement, goûtèrent
ses projets, et commandèrent les préparatifs
d'une expédition, ayant pour principal chef,
ce Gonzalez Zarco, l'homme de confiance du
prince.

En conséquence, au commencement de juin
1420, sortait du port de Lisbonne un vaisseau
bien équipé, escorté d'un bâtiment de moindre
importance et de deux chaloupes. Tous deux
prenaient la direction indiquée par les appré-
ciations de Juan Moralez ; c'était à peu près
celle de l'île Porto-Sancto, déjà connue.

L'escadrille relâcha dans cette île où un
assez grand nombre de Portugais s'étaient déjà
établis depuis sa récente découverte ; ces insu-

laires, interrogés sur la possibilité de l'existence d'une terre voisine, rapportèrent qu'au nord-ouest de leur île, ils apercevaient, durant les jours sans nuages, une obscurité compacte et continue, qui semblait s'élever de la mer jusqu'au ciel.

— Sans doute, ajoutaient quelques-uns, ce doit être un abîme, et probablement une des portes de l'enfer, car, de cette masse obscure, on entend parfois sortir des bruits étranges.

— Vous vous trompez, répliquaient quelques autres, ce doit être la mystérieuse île de Cipanyo, que Dieu cache aux regards des mortels, et où il conserve les élus jusqu'à la fin du monde.

— Céleste ou infernal, ce lieu, concluaient les troisièmes, est un lieu redoutable dont il serait imprudent d'approcher. Nous ne l'envisageons qu'avec tremblement et nous nous hâtons de détourner nos regards en faisant le signe de la croix.

Moralez et Zarco, moins superstitieux, décidèrent, après avoir tenu conseil avec les autres chefs de l'expédition, qu'ils séjourneraient quelque temps à Porto-Sancto, afin d'observer par tous les temps l'obscurité signalée ; et comme on ne la vit pas changer de place ni varier suivant l'état de l'atmosphère, il leur parut probable que cette masse obscure n'était autre que les forêts élevées du sein desquelles s'exhalaient d'épaisses vapeurs produites par l'humidité du sol boisé. Mais l'équipage effrayé refusait de partager cette conviction et s'écriait qu'on voulait le mener à sa perte.

Les uns suspectaient les intentions de Moralez et allaient jusqu'à dire que n'étant pas de leur nation, il avait formé contre les Portugais des projets de vengeance ; d'autres prétendaient que c'était offenser Dieu que de vouloir examiner de trop près ce qu'il cachait dans un nuage inaccessible aux yeux profanes, et que s'aventurer de ce côté c'était, dans tous les cas, se vouer à une mort certaine. Ils conjuraient Zarco de se contenter de la somme de gloire qu'il avait déjà acquise, et, dans l'intérêt du monarque même de ménager leurs vies pour des entreprises moins téméraires. Ils ajoutaient enfin bien d'autres arguments, et concluaient tous en disant qu'ils étaient venus là comme des hommes et qu'ils n'entendaient point tenter une œuvre surhumaine.

Après leur avoir laissé exhaler leurs plaintes, le commandant parla à son tour et leur représenta avec beaucoup de douceur que Juan Moralez ne compromettait pas plus leurs vies que la sienne propre ; que ce n'était point tenter Dieu que d'explorer la terre et la mer qu'il avait livrées aux investigations des enfants des hommes.

— Les anciens, disait-il, ont cru que les limites de la terre ne s'étendaient pas au de là des colonnes d'Hercule, et que le soleil se couchait dans le fleuve Océan, tandis que depuis on avait eu tout lieu de soupçonner la rotondité de la terre dont on n'avait put parcourir encore toutes les parties.

Alors, c'était de nouvelles appréhensions :

— Si la terre est ronde, s'écriaient les marins, ignorants des lois de l'attraction, si la terre est un globe, le ciel nous préserve de vouloir aborder l'hémisphère opposé au nôtre ! Nous n'avons pas, comme les mouches, le don de marcher sens dessus dessous, et c'est pour le coup que nous tomberions instantanément dans l'espace.

— Il ne s'agit pas de cela, dit Zarco, mais seulement d'atteindre un but rapproché et visible.

VI

Pour mener à bonne fin une pareille entreprise, il ne suffit pas d'avoir des lumières et un grand courage, il faut encore savoir maîtriser des subordonnés mutins, dont le concours est nécessaire, et dont la résistance insensée est souvent plus difficile à vaincre que tous les périls et les privations que peut affronter l'esprit de sacrifice.

Sans se laisser déconcerter, Zarco, avec l'aide de Moralez, leva l'ancre un beau matin, et dirigea à toutes voiles ses navires vers la grande ombre qui causait tant d'inquiétudes ; il espérait en effet trouver aisément la terre promise, et voulait pouvoir la reconnaître avant la nuit. Mais ce jour fut pour lui celui de la plus rude épreuve, et ce n'était pas sans un suprême effort qu'il devait acheter le succès entrevu.

Plus on avançait, plus l'obscurité semblait s'élever et s'accroître; elle devint horrible un moment, et la terreur de l'équipage fut extrême. Vers le milieu du jour, elle fut encore doublée par les mugissements épouvantables d'une mer en courroux ; on ne voyait aucun signe de terre, et le brouillard qui enveloppait les navires était tellement épais, que le ciel et la mer se dérobaient également à la vue. En proie à une démoralisation qui allait croissant, les pauvres marins croyaient que leur dernière heure était venue, et suppliaient encore leur chef de virer de bord. Mais quelles que pussent être ses propres inquiétudes, Zarco ne voulut pas encore abandonner la partie ; et ayant fait assembler tous ses gens, il leur adressa ce discours, digne d'être reproduit en entier.

— Qui vous a dit, mes amis et mes camarades, que je tenais moins à ma vie que vous ne tenez à la vôtre ? C'est ce que je n'ai jamais cherché à vous persuader ; de même aurais-je le plus grand tort du monde, si je prétendais avoir plus de cœur que vous tous, car j'ai appris à vous apprécier dans tous les périls que nous avons

déjà traversés ensemble ; si je vous parais en ce
moment plus hardi, plus téméraire que vous ne
le voudriez, ce n'est que parce que je me
trouve au milieu d'hommes tels que vous.
Pourquoi donc vous estimeriez-vous moins que
je ne vous estime? Comme vous, je sais que
nous sommes exposés à un péril inconnu ; affronter, non par hasard, mais de sang-froid, de
propos délibéré des difficultés plus qu'humaines,
n'est-ce pas une gloire dont vous êtes dignes?
Sans doute, je reconnais vos appréhensions,
mais je ne saurais approuver la pusillanimité
qu'elles font naître en vous. Comment pour-
riez-vous remporter sur les autres nations la
gloire des grandes entreprises, si vous ne savez
plus basarder votre vie ? Comment espérez-vous
vous égaler à ceux qui vous ont précédés dans
la carrière des découvertes, si ce n'est en faisant
comme eux ou mieux qu'eux ? Pourquoi som-
mes-nous venus de notre pays? Dans quel but
l'infant notre maître nous a-t-il fait l'honneur
de nous choisir entre tant d'autres, se portant
fort de notre courage et de notre persévérance?
Etait-ce pour que nous fissions les choses à

demi ? Pour que nous nous arrêtassions à moitié
chemin ? Il n'y a qu'une seule vie, comme il
n'y a qu'une seule mort. Pourquoi redouterions-
nous plus les éléments que les hommes ? Les
uns comme les autres ne peuvent vous faire
mourir qu'une fois. Vous ne refuseriez pas de
risquer en toute occasion votre existence contre
les ennemis de votre roi ; qu'ont donc de plus
terrible que le fer d'une flèche ou d'une lance
l'air et l'eau qui vous inspirent en ce moment
une si vive terreur ? Voulez-vous donc rentrer
à Lisbonne n'ayant à dire au roi, à l'infant
notre maître, que ceci : « Nous avons été
lâches ; nous vous avons désobéi ; nous nous
sommes refusés à exécuter vos ordres ? » Ne
sera-t-il pas plus glorieux pour vous de vous
présenter à eux en leur annonçant la découverte
de nouvelles provinces, découverte accomplie
par vos soins, par votre persévérance ? Sachez-
le bien, si nous surmontons aujourd'hui cette
crainte de la mort qui nous obsède, tout nous
sera facile ; la nuit n'est jamais plus obscure
qu'aux approches du jour ; l'intensité du brouillard qui nous environne, est la marque la plus

certaine du succès qui nous attend. Traversons
donc courageusement ces ténèbres, perçons
leur horreur pour éclairer le doute de notre
esprit, et rendons-nous enfin compte de la vision
qui nous effraie en la touchant au doigt. Si je
reconnais que la nature et la fortune s'oppo-
sent à nos desseins, je serai le premier à faire
ce qu'il faudra pour sauvegarder notre vie;
mais avant, voyons du moins de nos propres
yeux ce qui nous épouvante, et sachons quel
ennemi nous voulons fuir !

Cette belle allocution qui pourrait servir de
modèle en plus d'une occurrence, persuada les
esprits et excita même une nouvel enthousiasme.

Zarco, ayant pris toutes les précautions
voulues pour ne pas hasarder le salut de son
équipage, longea le nuage qui inspirait tant de
terreur, s'en approchant ou s'éloignant selon
que le bruit effrayant qui semblait en sortir
s'augmentait ou diminuait. Cependant, du côté
du levant, ce nuage sembla s'amoindrir, mais à
travers l'obscurité l'on apercevait des points
plus sombres. Sous l'empire de l'épouvante, les
matelots prétendirent avoir entrevu des géants

formidables. Des alarmistes en avaient dit autant de la terre de Chanaan, ainsi que le fit
observer Moralez qui dans ces prétendus géants
commençait à reconnaître les rochers dont il
savait que la plage était hérissée. Plusieurs
signes d'ailleurs attestaient la proximité d'une
terre. On la découvrit enfin distinctement, et
Zarco, saluant une pointe avancée, lui donna
le nom de Saint-Laurent dont c'était la fête
ce jour-là.

La joie la plus vive avait succédé à
l'angoisse. On remerciait Dieu, on riait, on
s'embrassait, on rendait grâce à la fermeté du
capitaine, on portait aux nues Juan Moralez,
l'instigateur de l'expédition. En continuant à
longer la terre, on rencontra une grande baie,
la même où était autrefois débarqué Robert
Macham. Cependant le soleil était sur son déclin,
et Zarco, suffisamment satisfait du résultat
obtenue jusqu'alors, fit mettre en panne, recom-
mandant la plus grande surveillance pour la
nuit.

Le lendemain, Ruy Paës, un des lieutenants,
fut chargé d'aller reconnaître la côte avec une

chaloupe. Ayant mis pied à terre, il reconnut, les unes après les autres, les marques indiquées par Moralez : Ainsi quelques arbres peu éloignés du rivage portaient les traces mal cicatrisées de coups de cognée. D'autres indices du passage de l'homme sur cette terre inhabitée pouvaient encore s'observer ; enfin, on rencontra l'arbre gigantesque qui abritait la tombe de Robert et d'Anna, dont les épitaphes non effacées confirmaient en tout point les récits de Juan Moralez. A cette vue, ces rudes marins, ne pouvant maîtriser leur émotion, s'inclinèrent et laissèrent échapper quelques larmes.

Alors s'effectua solennellement le débarquement, accompagné d'une cérémonie religieuse, accomplie par deux moines qui avaient suivi l'expédition. Puis Gonzalve Zarco prit possession de l'île au nom du roi don Juan de Portugal et de l'infant dont Henri son fils. Un autel, dédié à sainte Elisabeth, fut érigé sur l'emplacement de l'oratoire rustique élevé par le comte infortuné dont les os reposaient à ses pieds.

L'île fut ensuite explorée avec le plus grand

soin ; mais notre but n'étant pas d'en faire la
description, nous dirons seulement que Zarico
ayant pris une complète connaissance du pays,
et recueilli des échantillons de ses principales
productions, remit à la voile et cingla vers
Lisbonne, sans avoir perdu un seul homme de
son équipage. Le roi et l'infant le reçurent avec
de grandes démonstrations de joie. Juan Moralez, ennobli avec sa famille et richement rému-
néré, put passer dans le repos le reste de sa
vie, si utilement remplie. Zarco repartit pour
Madère l'année suivante, avec le titre de capitaine de l'île, emmenant avec lui toute une
colonie de personnes de bonne volonté, desti-
nées à la peupler et à la cultiver. En arrivant,
son premier soin fut de remplir le vœu de
Robert Macham, en fondant sur le lieu de sa
sépulture une église dédiée à *Jésus-Sauveur*.

Un historien prétend que pour pouvoir cultiver l'île, il fallut en brûler les forêts et que
cet incendie dura sept ans : on peut croire que
cette assertion est exagérée, mais il est probable qu'on brûla une partie de ses bois dont
les cendres contribuèrent à fertiliser le sol, où

furent implantées avec succès la vigne et les
cannes à sucre. Madère, dont la capitale est
Funchal, contient aujourd'hui cent mille habitants. Les Anglais qui s'en sont emparés, et
l'ont possédée pendant quelques années, y con-
servent toujours beaucoup d'influence et font
avec elle un commerce considérable qui lui
donne toute l'apparence d'une de leurs co-
lonies.

NAUFRAGE

DU NAVIRE *LES TROIS-SOEURS.*

NAUFRAGE

DU NAVIRE LES TROIS SOEURS.

———◆———

Que ne nous est-il donné de raconter avec une éloquence digne du sujet le sublime dévoue-ment de trois fils de Dunkerque, trois frères en charité qui donnèrent leur vie pour sauver celles de l'équipage du navire *les Trois-Sœurs !*

Ce navire, un chasse-marée, s'était échoué le 29 janvier 1857 sur la plage ouest du port de Dunkerque. Aussitôt que le sinistre fut signalé, M. B. Morel président de la *Société Humaine* et plusieurs de ses membres se ren-dirent sur l'estacade de l'ouest pour aviser aux moyens de sauvetage. Là, ils se trouvaient assez près du navire pour qu'il leur fût possible de lire son nom et de s'entretenir avec l'équipage. Tout semblait présenter les meilleures chances possibles ; le navire avait déployé toutes ses voiles afin d'essayer de profiter de la marée montante pour se dégager du banc de sable sur lequel il était échoué.

Malheureusement, il faisait un temps épouvantable, un temps à neutraliser tous les efforts ! O vous qui êtes tranquilles auprès d'un bon feu, les pieds dans de chaudes pantoufles, vous faites-vous quelquefois une idée des tourmentes qui assaillent vos semblables aux prises avec les éléments en fureur ?

Le vent soufflait par violentes rafales, la mer rugissait avec rage, l'un et l'autre chassaient le navire vers la côte, le courant le portait à terre et les secousses qu'ils subissait faisaient craindre qu'il ne fût bientôt défoncé. La mer continuait à monter et le malheureux chasse-marée, loin de se remettre à flots, ne faisait que s'engager davantage.

Le danger était imminent, il n'y avait pas à balancer ; et l'ordre est donné d'amener un bateau de sauvetage : par suite d'un incompréhensible malentendu, l'ordre n'est pas immédiatement exécuté et le bateau sauveteur

se fait longtemps attendre. Pendant cette attente, trop longue pour l'équipage en péril,
un mouvement de la mer fit passer le navire
assez près de l'estacade pour que les specta-
teurs pussent habilement lui jeter une corde
dont ils retinrent un bout. L'équipage la saisit,
y amarra une aussière toute neuve que l'on pût
hâler à l'estacade et qui établissait entre le
navire et les assistants une communication de
va et vient qui semblait assurer le salut des
naufragés, chez qui l'espoir succéda dès lors
aux plus cruelles angoisses.

Mais, hélas! la violence des éléments con-
jurés devait bientôt rendre inutile le bienfait
de cette première tentative! Le navire, après
avoir passé si près de l'estacade, fut poussé
plus loin, la mer l'envahissait de plus en plus
et bientôt l'on pouvait craindre de le voir en-
tièrement submergé. On criait de toutes parts
à l'équipage : *Sur le gréement de misaine! Sur
l'avant!* lorsque tout à coup, l'amarre insuffi-
sante pour supporter l'effort toujours croissant
qui la tendait se rompit et échappa à ceux qui
voyaient en elle l'espoir de leur salut.

RÉCITS.   9

Les vagues furieuses enlevaient de dessus le pont tout ce qui s'y trouvait : mâts, esparres, embarcations, etc. Lancés çà et là dans toutes les directions, ces objets présentent un nouvel embarras et un nouveau danger pour les naufrageants qu'ils frappent et menacent de mettre en pièces. L'un d'eux, le matelot Leport, eut les jambes prises entre la chaloupe et le guindeau ; il devait les avoir brisées, heureusement il en fut quitte pour de fortes contusions.

Il n'y avait plus de répit probable, il fallait tout de suite sauver les malheureux ou les voir périr ! Cependant le bateau attendu n'arrivait pas. Quelques-uns des assistants courent en chercher un autre, celui des ponts et chaussées, qu'ils trouvent au bassin des chasses, le transportent à force de bras jusqu'au talus sous le fort de Risban et le mettent à la mer.

Un combat de générosité et d'héroïque émulation s'élève alors entre de vieux marins, habitués à exécuter de périlleux sauvetages et qui ne veulent pas céder le droit qu'ils croient avoir d'affronter le danger les premiers, et les jeunes gens qui prétendent avoir conquis ce

droit en amenant le bateau ; force est à ces derniers de céder devant leurs anciens pour ne
pas perdre un temps précieux en discussions
superflues.

Cinq hommes : Neuts, Bommelaer, Boleman,
Celle et Weins, embarqués dans le frêle esquif,
s'avancent rapidement vers le navire en détresse, vers lequel il se dirigeait à force de
rames. Ils abordent. D'une main vigoureuse,
Boleman saisit une des manœuvres du chasse-
marée, et malgré les coups de mer, il retient le
canot assez de temps pour que trois matelots
y puissent descendre. En ce moment, une lame
entraîne le canot qui, fuyant sous les pieds de
l'intrépide marin, le laisse suspendu et oscillant
au-dessus de l'abîme. Sa perte parut inévitable,
les assistants sont navrés, et lui-même, qui a
fait en son cœur le sacrifice de sa vie, réitère
la recommandation suprême de son ame à
Dieu, lorsque par un bonheur inespéré, la
lame ramène l'esquif, et Boleman y prend pied,
mais ses forces sont épuisées.

Un nouveau coup de mer emporte le bateau
sauveteur bien loin du navire. Ce petit esquif

n'obéit plus aux manœuvres de ceux qui le montent. Il est rempli d'eau, il chavire ; les huit hommes et l'embarcation sont éparpillés sur les flots, tantôt ils s'y enfoncent, tantôt ils reparaissent ; puis se réunissant à la coque renversée ils s'y cramponnent avec l'énergie du désespoir et la lame les roule tous ensemble. Pendant cette affreuse lutte, deux de ces infortunés disparaissent pour toujours.

Portés par la marée, le canot et les six hommes qui s'y attachent sont arrivés près de l'estacade. Hors d'état de faire aucun effort, quatre d'entre eux sont hissés par le moyen de cordes, mais Bommelaer coule pour ne plus reparaître ; Celle, emporté par les eaux, va se briser contre la jetée de l'est ; Gaspard Neuts, troisième victime entre ces généreux sauveurs, ne tarde pas à expirer, quand on le croit sauvé. L'intrépide Boleman, Weins, et le matelot Leport, sont les seuls qui restent des huit hommes que ramenait le canot.

Mais le drame n'est pas encore à sa fin : le capitaine Jacob nageait, disputant la vie aux vagues qui l'engloutissent à tout moment. L'un des assistants, François Tixier, le voit dans cette périlleuse situation, et, sans écouter les conseils d'amis prudents qui l'engageaient à ne pas compromettre inutilement sa vie, il se fait amarrer une ligne autour du corps, et s'élance au milieu des brisants... Il a vu reparaître la tête du capitaine, il nage vers ce point, l'aperçoit encore... il avance, il va le saisir par les cheveux, une lame affreuse fond sur lui, l'en sépare et lui ôte la respiration... Toutefois, son énergie l'emporte; il reprend ses sens et revient avec une intrépidité nouvelle... Il n'est plus temps : le capitaine Jacob a disparu pour jamais !

Ce n'est pas sans aide et sans peine que Tixier parvient à se sauver lui-même.

Transi de froid et accablé de fatigue, le vaillant sauveteur ne croit pas sa tâche finie tant qu'il reste encore des malheureux à sauver : il aperçoit deux hommes restés à bord du chasse-marée. Leur perte semble inévitable, la mer, qui monte toujours, passe par-dessus le navire et le gréement. Ces deux malheureux, un matelot et un mousse, poussent des cris de détresse ; ces cris déchirent le cœur de François Tixier, il veut les sauver, et fait partager son héroïque résolution à ses frères Désiré et Jouin, ainsi qu'aux frères Declerck et à Charles Liénard. Ces six jeunes gens vont chercher à deux kilomètres de là, et ramènent aux pas de course un autre canot, qui va peut-être aussi les conduire à la mort !

Laissons parler ici un témoin oculaire, qui rendra mieux que nous les péripéties de ce drame émouvant :

« Deux malheureux, triste reste de l'équipage des *Trois Sœurs*, mouillés par les vagues, transis par un vent glacial, étaient, l'un le matelot Rio, grimpé par les haubans de misaine à babord jusqu'à la poulie de drisse de cette voile, où il se tenait assis sans trop de fatigue. L'autre, un mousse, enfant de douze ans, paralysé par la peur et glacé par le froid, n'avait pu parvenir que jusqu'à la poulie de candelette de misaine à tribord. Il s'y était mis aussi à califourchon et s'y cramponnait de son mieux. Mais le gréement était lui-même tellement tourmenté par la mer, que la candelette vint à décrocher, et le palan n'étant plus retenu par en bas, devint le jouet des vagues avec l'enfant qui s'y était logé.

» Cette position était effrayante. A chaque mouvement, l'enfant oscillait d'un côté du mât à un mètre de distance, puis il y retombait, et à chaque oscillation on s'attendait à le voir se briser contre la mâture ou tomber mourant dans l'abîme tourbillonnant autour de lui.

» L'assistance avait pu comprendre toute l'horreur de cette situation, lorsqu'elle voit paraître François Tixier dans le canot ; avec lui sont Jouin, les deux frères Declerck et Charles Liénard ; Désiré Tixier n'a pu y trouver place, et, malgré son généreux déplaisir, il a dû rester à terre.

» Ce second canot est, comme le premier, rapidement hâlé jusques vers le navire, et, par une manœuvre semblable à la première, les sauveteurs arrivent au navire et parviennent à s'y amarrer.

» Rio, qui a conservé assez de force et qui, d'ailleurs, a moins souffert que l'enfant, son compagnon d'infortune, Rio se dégage promptement de sa poulie, et se laisse glisser le long des haubans dans le canot.

» Quant au pauvre petit Thomas, il était hors d'état de s'aider : Jouin le remarque... Il n'hésite pas un moment; il saute à bord du navire. Thomas, défaillant, essaie de descendre et veut glisser comme l'a fait son compagnon ; mais il tombe de la poulie sur le pont, placé douze pieds au-dessous. On le croit tué; un cri de détresse s'élève sur toute la ligne de l'es-tacade (1).»

Mais ce pauvre enfant, pour qui priait sans doute une mère, se relève et court vers l'avant, où des bras sauveurs l'attendent... En ce mo-ment critique, une vague en fureur arrive, l'enlève et le lance à dix brasses de l'embarca-tion.

Mais Tixier n'était-il pas là? Tixier, s'oubliant lui-même, oubliant aussi son frère Jouin, laissé à bord, se met à la recherche de l'enfant qui, grâce à ses efforts, a échappé à la mort pour la troisième fois.

_____

(1) Mémoires de la société Dunkerquoise, 1856-1857.

Jouin, demeuré seul sur le navire prêt à som-
brer, Jouin suivant d'un œil ferme et sympa-
tique tous les mouvements de son frère, avant
de se préoccuper du danger qui le menace
lui-même, montre un courage non moins sublime que celui de François.

Mais Tixier put encore revenir et repren-
dre son frère. Le Ciel avait décidé que cette
journée comptait assez de victimes ; et il n'a pas
permis que de tels hommes fussent encore sa-
crifiés.

Quelques jours plus tard, un cortége funèbre
et solennel, accompagné du deuil et des larmes
de toute une cité, conduisait à leur dernière
demeure les corps des victimes qui avaient pu
être retrouvés. L'héroïque Bommelaer n'était
pas de ce nombre, ce ne fut que longtemps
après que la mer rendit ses restes défigurés
et à-demi dévorés par les crustacés.

Ce triste sort de trois héros, Celle, Neuts et
Bommelaer, dont le généreux dévouement semblait mériter une autre récompense, nous parle
bien haut d'une autre vie ; et nous ne saurions,
sans douter de Dieu, douter qu'une palme im-

mortelle n'y soit décernée à ces martyrs de la charité, qui n'ont pu avoir pour mobile qu'une impulsion toute chrétienne.

FIN

TABLE.

FIN DE LA TABLE.

Tournai, typ. de H. Casterman.

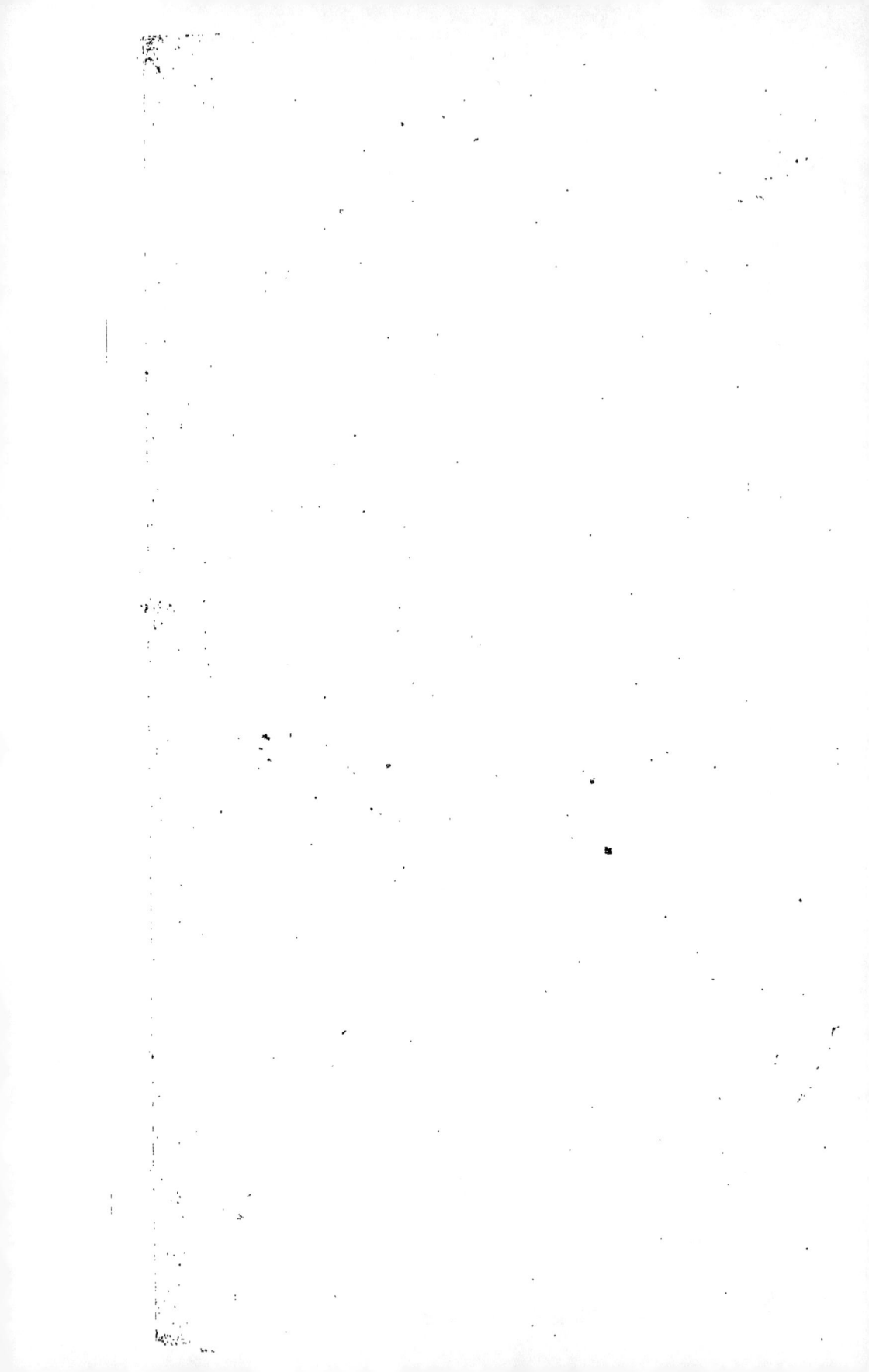

BIBLIOTHÈQUE MORALE ET AMUSANTE (nouvelle).

Chaque vol. d'environ 120 p. in-12, orné d'un sujet gravé, couverture illustrée.

1. **Simples historiettes** pour l'enfance; par Mlle V. NOTTRET, maîtresse de Pension.
2. **Angéline et Françoise**; par LA MÊME.
3. **Récompense du Travail**; par LA MÊME.
4. **Les Contes du Jeudi**; par LA MÊME.
5. **Mon Prix de Sagesse**; par LA MÊME.
6. **Marie**; par LA MÊME.
7. **Julie**; par LA MÊME.
8. **Blanche et Noémie**, par HUBERT LEBON.
9. **Dinah**; par la marquise DE CORTANZE.
10. **Les Petits Vagabonds**; par E. STEWART.
11. **Pardon des offenses** (le); par S. FANJAC DE PEAU-CELLIER.
12. **Petit roi** (le); par LA MÊME,
13. **Le jeune Louis**; par H. BENOIST.
14. **Récits maritimes**; par Madame DE GAULLE.
15. **Quelques récits**; par LA MÊME.
16. **Mathilde**; par Pauline L'OLIVIER (Mme Braquaval.)
17. **Robert l'Ostendais**, par LA MÊME.

MUSÉE MORAL ET LITTÉRAIRE DE LA FAMILLE.

Collection économique d'ouvrages nouveaux et intéressants, publiés dans le format grand in-8, papier fort. — Chaque vol. est orné d'un sujet gravé et élégamment broché.

1. **La Chaumière de Haut-Castel**; par E. BENOIT.
2. **Le Village des Alchimistes**; traduit par A. D'AVELINE.
3. **Clémence** ou Dieu veille sur l'orpheline; par H. VAN LOOY.
4. **Les Périls de Paul Percival**; par DE COURSON.
5. **La Ferme d'El-Rarbi**; par Arm. DE SOLIGNAC.
6. **Les Baguettes du petit tambour**; trad. par A. D'AVELINE.
7. **L'Étoile de Tunis**; par CH. RAYMOND.
8. **Au foyer de la famille**, récits et nouvelles; par THIL-LORRAIN.
9. **Sir Evrard**, chronique du temps de la première Croisade.
10. **Les Amies de Pension**, Nouv. trad. de l'anglais.
11. **Édouard Blackford**, Épisode de l'Histoire d'Angleterre.
12. **Les Lances de Lynwood**, traduit de l'anglais.
13. **La croix d'Orval**; par Aymé CÉCYL.
14. **Fleurs de la vie de pension**; par H. VAN LOOY.